가정 기도서

일상을 예배로 이끄는
가정 기도서

1판 1쇄 발행 2022년 5월 16일
2쇄 발행 2024년 1월 12일

엮은이 | 김홍관
기 획 | 남부연회 개척비전교회 살리기 특별위원회
　　　　강태현 김근수 김법규 김홍관 노만호 최병식

발행인 | 이 철
편집인 | 김정수
발행처 | 도서출판kmc
　　　　서울특별시 종로구 세종대로 149 감리회관 16층
　　　　(재)기독교대한감리회 도서출판kmc
　　　　전화 02-399-2008 팩스 02-399-2085
　　　　www.kmcpress.co.kr
디자인·인쇄 | 디자인통
Copyright (C) 도서출판kmc, 2022, *Printed in Korea.*

ISBN 978-89-8430-875-6 03230

일상을 예배로 이끄는

가정 기도서

김홍관 외 72인 지음

kmc

세상에 휩쓸리지 않고

하나님께 나아가는 당신을

기도의 자리로 초대합니다

포스트모던 사회로 진입하면서 개인주의와 세속주의의 확장으로 가정이 크게 흔들립니다. 가정이 믿음으로 굳건히 설 때 성도와 교회도 바로 설 수 있습니다. 신앙으로 가정이 바로 설 때 건강하고 행복한 가정이 될 수 있습니다. 이를 위하여 각 가정에서 가족이 함께 예배하며 기도해야 합니다.

가정 기도서의 필요성을 절감하던 차에 감리교회에서 이 책을 발간하게 되어 매우 기쁘고 자랑스럽습니다.

존 웨슬리는 시간을 가장 유용하게 사용하는 방법이 기도라고 했습니다. 그의 기도가 한 시대를 바꾼 것처럼 『가정 기도서』가 '세상의 빛으로 다시 서는 감리교회'를 위해 크게 쓰이길 기대합니다.

이철 감독회장
기독교대한감리회

우리 연회는 코로나 시대를 맞아 '위기를 넘어 새로운 미래로 나아가기' 위한 재부팅(Rebooting) 사역을 하고 있습니다.

다양한 연회 사역 가운데 특별히 비전교회 살리기 위원회에서 『가정 기도서』를 발간하게 되어 매우 기쁘게 생각합니다. 가정에서의 신앙훈련은 우리 부모 세대와 다음 세대의 신앙을 견고한 믿음의 반석 위에 세워줍니다.

우리의 가정이 믿음으로 굳건히 설 때 삶의 문제를 바르게 풀어갈 수 있고 새로운 미래를 열어갈 수 있습니다. 적절한 시기에 중요한 신앙의 길잡이 역할을 해줄 『가정 기도서』가 발간되어 매우 유익하리라 확신합니다. 이 책이 한국 교회의 가정을 바로 세우는 귀한 역할을 감당하길 소망합니다.

강판중 감독
남부연회

코로나를 겪으며 공적 예배(Public Worship)와 개인적 예배(Personal Worship)의 소중함을 다시 한번 깊이 깨달았습니다. 성도의 예배 생활에서 이 둘은 새의 양 날개처럼 매우 중요합니다. 그러나 교회에서 온 성도가 함께 모여 드리는 예배가 원활하게 이루어지지 못하는 상황에 성도의 개인적 예배도 충분한 훈련과 준비가 되어 있지 않아 무척 아쉬웠습니다.

이러한 때에 『가정 기도서』가 발간되어 매우 기쁘게 생각합니다. 성도의 예배 생활에 큰 도움이 되리라 확신합니다. 각 가정에서 새로운 예배와 기도 문화를 정착시키는 기회가 되기를 바랍니다.

유영완 목사
하늘중앙교회

다음 세대를 위한 가장 좋은 신앙 교육은 가정에서 이루어집니다. 온 가족이 함께 기도하는 것은 자녀에게 더없이 훌륭한 축복이자 그 자체로 살아 있는 신앙 교육이기 때문입니다. 또한 가정에서 일어나는 여러 상황 가운데 가족이 모여 함께 기도하고 생각을 나누는 것은 믿음 안에서 가족 구성원을 하나 되게 하며 개개인의 신앙을 성숙하게 합니다.

『가정 기도서』는 삶의 여정에서 만나는 순간마다 어떻게 기도해야 할지 몰라 고민했던 많은 신앙인에게 좋은 길잡이가 될 것입니다. 더불어 명절이나 추모식 등을 위한 가정 예식서를 잘 활용하면 아름다운 가정 예배 문화를 만들어갈 수 있을 것입니다.

김병삼 목사
만나교회

신앙과 삶의 중심인 성전이 무너지고 포로된 삶으로 인하여 예배 통로가 막힌 유대인들이 하나님 나라에 대한 소망을 지속적으로 유지할 수 있었던 동력은 가정이었습니다. 부모에게 토라에 대해 듣고 배우며 유대 전통이 이어진 것은 자녀 세대가 유대인으로서의 정체성을 공고히 할 수 있는 초석이었습니다.

감리교 목회자들의 성심이 가득한 『가정 기도서』는 포스트 코로나 시대에 무너진 신앙공동체성을 가정을 통해 회복하도록 도움을 주는 기도서입니다. 부모는 자녀를 위해 기도하고, 자녀는 부모를 위해, 그리고 부부가 서로 기도를 통해 중보하고 세워줄 때, 가정으로부터 신앙이 회복되고 더 나아가 예배공동체의 회복을 위한 초석이 될 것입니다. 『가정 기도서』를 통해서 모든 기독 신앙인의 가정이 하나님의 은혜를 경험하기를 소망합니다.

박해정 목사
감신대 예배학 교수

지난 몇 세대 동안 기독교 가정은 신앙교육을 교회학교에 미루고 자신의 영적 책임을 방기해 왔다고 말해도 과언이 아닙니다. 가정을 믿음이 배태되고 계승되는 영적 교육의 자리로 경험했던 유대-기독교적 전통은 사라진 지 오래입니다.

이러한 세태 속에 출간되는 『가정 기도서』를 따라 구체적 삶의 경험을 주 앞에 봉헌하고 성화시키는 여정에 들어간다면, 누구든 신앙 교육의 장과 주체가 가정과 부모라는 깨달음에 새삼 기뻐하고 놀랄 것입니다.

이 책은 가정교육과 교회교육의 과제와 상호관계에 대해 새로운 통찰과 논의를 촉구하고 있습니다. 한국 교회와 가정에 『가정 기도서』를 기쁨으로 추천합니다.

나형석 목사
전 협성대 예배와 설교 교수

바른 교회, 바른 신학, 바른 신앙의 출발은 바른 기도에서 시작해야 합니다. 개신교단은 즉흥 기도와 자발적 기도에 근거한 기도 신학을 가지고 있습니다. 그렇기에 바람직한 기도의 형식과 내용을 갖춘 기도문을 통한 바른 기도의 영성 훈련을 통해 열심과 열정적 기도의 신앙이 보완될 필요가 있습니다.

본 『가정 기도서』의 발간으로 가정 구성원 모두가 삶의 여정에 섭리하시고 역사하시는 삼위일체이신 하나님의 구원 역사를 체험하기 원합니다. 또한 하나님 나라의 확장이 교회를 넘어 가정으로 확대되고, 이를 통해 사회와 세계의 구원을 향해 담대히 나아가는 은총의 가정이 되기를 기대합니다.

나인선 목사
목원대 예배와 설교 교수

전세계적인 코로나 팬데믹으로 예배와 심방 등 얼굴을 맞대는 모든 활동이 어려워졌습니다. 또한 급격한 사회 변화로 1년에 한두 차례 일괄적으로 실시되던 대심방도 급격히 줄고 있습니다.

그러나 믿는 가정이라면 가족에게 긴급하거나 중요한 일이 있을 때 기도를 드리고 싶어 합니다. 아들이 군대 갈 때, 딸이 결혼할 때, 가족이 함께 모여 말씀을 읽고 기도하기를 원합니다.

초경을 시작한 딸을 위하여 엄마가 기도해준다면 그 아이는 기쁠 것입니다. 학교에서 속상한 일을 겪은 아들을 위하여 아빠가 기도해준다면 그 아이는 위로를 얻을 것입니다.

성도는 중요한 순간에 가정에서 함께 기도하기를 원합니다. 금번에 목회자들이 힘을 합하여 발간한 『가정 기도서』가 가정의 여러 대소사마다 의미 있게 기도할 수 있도록 돕는 지침서가 되기를 기대합니다.

김홍관 목사
남부연회 개척비전교회 특별위원장

Part

1

자녀를 위한 기도

하나님의 보호와

가르침, 인도 속에

살게 하옵소서.

아기 맘마 기도

예수님 품 안에서

사랑의 하나님,

우리 가정에 귀한 생명을 주셔서 감사합니다.

젖을 먹기 전에 하나님께서 주신 양식에 감사를 드립니다.

우리 아기가 젖을 먹고 분유를 먹고 이유식을 먹고

잘 소화하게 해주세요.

트림도 잘하고 토하지 않게 해주세요.

하나님, 우리 아기가 예수님처럼 키가 자라듯

지혜도 잘 자라게 해주세요.

불안해하거나 깜짝깜짝 놀라지 않고

편안하게 잠들게 해주세요.

병에서 지켜주시고 자라면서 혹여 아플 때마다

깨끗하게 치료해주세요.

저에게 지혜를 주셔서

아이를 세심하게 잘 보살피게 해주세요.

하나님, 우리 아기가 오늘 하루도
예수님 품 안에서 지내기를 원합니다.
하나님이 안전하게 지켜주세요.
우리 아기가 우리 가정의 우상이 되지 않게 해주세요.
하나님께 드려진 사무엘처럼 키울 수 있는 믿음을 주세요.
예수 그리스도의 존귀하신 이름으로 기도합니다. 아멘.

김홍관 목사 │ 목원대학교회

66
보라 자식들은 여호와의 기업이요
태의 열매는 그의 상급이로다.
시 127:3
99

백일 감사기도
보배와 같이 **귀한 자녀**

우리 가정을 사랑하시는 하나님,
보배와 같이 귀한 자녀를 주셔서
건강하게 백일을 맞게 하시니 감사합니다.
우리 아기가 예수님처럼 지혜와 키가 자라며
하나님과 모든 사람에게 사랑받게 하옵소서.

하나님, 자라는 동안 영육 간에 강건하며
예수님의 성품을 닮아가길 원합니다.
세상을 알아가는 지식보다
하나님을 더 깊이 알아가는 말씀의 지혜가 넘치고,
예수님의 섬김과 순종을 배워
그리스도인의 선한 영향력을 베푸는
주의 자녀로 성장하게 하옵소서.

하나님, 점점 어두워져 가는 세상에서

빛과 소금이 되도록

말씀과 기도로 양육하는 부모가 되게 하옵소서.

우리 가정이 오롯이 하나님 한 분만 바라보며

살아가도록 이끌어주옵소서.

구름 기둥과 불기둥으로 인도하시고 보호하여 주옵소서.

예수님의 이름으로 기도합니다. 아멘.

66
지혜로운 자와 동행하면 지혜를 얻고
미련한 자와 사귀면 해를 받느니라.
잠 13:20
99

첫 돌 감사기도
우리 가정의 선물

생명의 근원 되시는 하나님,

베푸신 사랑과 은혜에 감사하며 찬송을 올려드립니다.

오늘은 하나님께서 우리 가정에 선물로 주신

○○(이)의 첫 번째 생일입니다.

온 가족이 서로 축복하며 함께할 수 있어서 참 행복합니다.

○○(이)와 함께했던 한 해를 돌아보면 많은 일이 있었습니다.

때로는 힘들고 어려웠지만 함께 기도하여 이겨냈고,

아기 덕분에 기쁨으로 하나님께 영광 돌렸던 일도 있습니다.

모든 상황 속에서도 지금까지 잘 자란 것은

온전한 하나님의 은혜입니다.

지금까지 ○○(이)를 하나님의 생명 싸개 안에서

보호하시며 이끄셨듯이

앞으로도 인도해주시기를 원합니다.

○○(이) 곁을 한시도 떠나지 마시고 함께하옵소서.

우리 아기의 믿음이 자라며, 예배를 사랑하고

말씀과 기도로 살아가게 하옵소서.

우리 아기의 첫 생일을 맞이하게 하심에 감사드리며

가정의 목자 되신 예수님의 이름으로 기도합니다. 아멘.

박형민 목사 | 주향교회

66
네 아버지의 하나님께로 말미암나니 그가 너를
도우실 것이요 전능자로 말미암나니 그가 네게
복을 주실 것이라
위로 하늘의 복과 아래로 깊은 샘의 복과
젖먹이는 복과 태의 복이리로다. 창 49:25
99

예수님처럼 사랑스럽고 지혜롭게

하나님, 오늘은 사랑하는 ○○(이)를
우리 가정에 보내주신 기쁘고 행복한 날이에요.
예쁘고 착한 ○○(이)를 선물로 보내주셔서 감사합니다.
그리고 ○○(이)를 사랑하셔서 예수님을 보내주시고
예수님의 마음을 배우게 해주셔서 감사합니다.

하나님, 우리 ○○(이)도 예수님처럼
하나님을 사랑하고 가족을 사랑하고 친구를 사랑하는
사랑스럽고 지혜로운 아이가 되게 해주세요.
매일매일 기도하고 찬송하며 기쁘게 예배드리는
주님의 어린이가 되어서
예수님의 사랑을 많이 자랑하게 해주세요.

우리 가족이 ○○(이)를 선물로 보내주신 하나님의 은혜를 언제나 잊지 않고 감사드리며 살게 해주세요.

그리고 서로 사랑하며 살게 해주세요.

○○(이)를 축복해주시는 모든 분에게도

하나님의 은혜를 많이 부어주세요.

예수님의 이름으로 기도합니다. 아멘.

" 그가 너로 말미암아 기쁨을 이기지 못하시며
너를 잠잠히 사랑하시며
너로 말미암아 즐거이 부르며 기뻐하시리라. "
습 3:17

주의 나라를 세우는 사람

복의 근원이신 하나님,
우리 가정에 허락하신 ○○(이)가 생일을 맞이하도록
그동안 지켜주시고 잘 성장하게 해주셔서 감사합니다.
○○(이)를 통해 우리 가정에 큰 기쁨을 주신 하나님께
모든 영광을 올립니다.

하나님, 부모 된 저희에게
날마다 하나님의 지혜와 사랑을 주셔서
우리 ○○(이)를 하나님의 뜻대로 잘 키우도록 도와주옵소서.
○○(이)가 밝고 구김살 없이 건강하게 자라도록
우리 가정에 풍성한 복을 내려주옵소서.

하나님, 우리 ○○(이)가
하나님의 사랑과 은혜 안에서 성장하여

주의 길을 걸어가게 하옵소서.

예수님의 말씀과 성령님의 인도하심으로

주의 나라를 위한 지혜로운 인물이 되게 하옵소서.

하나님께 기쁨이 되며 이웃에게 유익을 끼치는

복된 사람이 되게 하옵소서.

예수 그리스도의 이름으로 기도합니다. 아멘.

"
그러나 무릇 여호와를 의지하며
여호와를 의뢰하는 그 사람은 복을 받을 것이라
그는 물 가에 심어진 나무가
그 뿌리를 강변에 뻗치고 더위가 올지라도
두려워하지 아니하며 그 잎이 청청하며
가무는 해에도 걱정이 없고
결실이 그치지 아니함 같으리라. 렘 17:7~8 "

하나님과 이웃을 사랑하는 자녀

생명을 창조하시고 주관하시는 하나님,
저희 가정에 주님이 주신 선물인 ○○(이)가
유아세례를 받게 해주셔서 감사합니다.
주님, 우리 ○○(이)가 하나님이 보내주신 사랑의 생명임을
겸손히 고백합니다.
주님이 보여주신 사랑의 돌봄, 지혜로운 가르침,
거룩한 삶의 본이 되는 부모의 사명을
인내와 감사로 감당하게 하옵소서.

하나님, 말씀과 예배와 경건한 신앙생활을 가르쳐
구원의 은혜를 체험하고 교회의 온전한 성도로 성장하기까지
성령의 인도하심에 따라 잘 양육하게 하옵소서.
주님이 가신 십자가의 길을 따라 살며, 세상의 성공이 아닌
주님만을 바라보는 신실한 종으로 살게 하옵소서.

하나님, 마음과 생각에서 악을 멀리하고
정결하게 살아가도록 순결한 영혼을 허락하옵소서.
하나님의 섭리를 분별하는 눈,
거짓과 악을 멀리하며 진실을 담는 입술,
섬기는 손과 주님의 복된 소식을 전하는 발걸음이 되어
하나님과 이웃을 사랑하는 자녀가 되도록 인도해주옵소서.
독생자를 십자가에 내어주신 하나님의 사랑으로
충만한 가정이 되게 하옵소서.
예수님의 이름으로 기도합니다. 아멘.

66
예수께서 보시고 노하시어 이르시되
어린 아이들이 내게 오는 것을 용납하고
금하지 말라 하나님의 나라가
이런 자의 것이니라.
막 10:14
99

세례받는 자녀를 위한 기도

바른 예배자

한 영혼을 천하보다 귀하게 여기시는 주님,
우리 ○○(이)가 세례를 받게 해주셔서 감사합니다.
무엇보다 저희에게 자녀를 주시고
부족한 저희가 이 아이를 하나님의 자녀로 키울 수 있게
은혜를 베푸시니 감사합니다.

우리 ○○(이)가 세례를 통하여 예수님이 하나님의 아들이시며
모든 죄인의 구세주가 되심을 믿게 하옵소서.
예수님만 의지하고 따르는 자가 되게 하옵소서.
이 시간, 예수님의 가르침과 본을 따라 살기로
결단하게 하옵소서.

하나님, 우리 ○○(이)에게 지혜와 성령을 내려주사
말씀의 은혜를 받고 바른 예배자로 서서

기도와 감사가 넘치는 신앙인으로 성장하게 하옵소서.
특별히 부모의 보호가 아니라
하나님의 완전한 보호와 가르침과 인도 속에 살게 하옵소서.
예수 그리스도의 이름으로 기도합니다. 아멘.

"
예수께서 이르시되 내가 곧 길이요 진리요
생명이니 나로 말미암지 않고는
아버지께로 올 자가 없느니라.
요 14:6
"

예수님 품에서 고운 꿈을 꿉니다

사랑의 하나님,

오늘 하루 모든 것이 하나님의 은혜였습니다.

아침부터 이 시간까지 선하신 하나님의 손길이

보호하시고 지키시고 인도하셨습니다.

오늘도 엄마 아빠 사랑을 듬뿍 받으며

언니 오빠(누나 형)들과 오순도순 지냈습니다.

맛나게 음식을 먹고 정을 나누고 함께 노래했습니다.

학교(유치원)에서도 친구들과 지내며

서로 아껴주고 사랑하는 마음을 나누었습니다.

선생님의 가르침을 통해 마음이 넓어지고

친구의 소중함도 깨달았습니다.

날마다 아름다운 꽃을 가꾸는 마음으로

책을 읽고 일기도 쓰고 공부하는 즐거움도 느끼고

활기찬 생활을 하였습니다.

이제 잠자리에 누워 사랑이 많으신 예수님 품에 안겨서
고운 꿈을 꿉니다.
예수님 손잡고 푸른 들과 맑은 시내가 있는
멋진 풍경으로 한 걸음 한 걸음 나아갑니다.
예수님처럼 지혜와 믿음이 자라나는
내 모습을 보며 감사합니다.
희망 가득 노래 가득 예수님 사랑 가지고
아름다운 세상을 만들어가겠습니다.
사랑이신 예수님의 이름으로 기도합니다. 아멘.

이상묵 목사 | 연무중앙교회

"
하나님이여 나를 지켜 주소서
내가 주께 피하나이다.
시 16:1
"

하나님의 부요함으로 채우소서

하나님의 형상대로 사람을 창조하신 하나님,
우리 아이에게 생명을 주시고 건강하게 출산하여
존귀한 자녀로 자라게 해주셔서 감사합니다.
눈을 맞추고 옹알이하며 엄마의 체취와 목소리,
따뜻한 체온을 느끼고 사랑받는 아이로
지금까지 자라게 해주셔서 감사합니다.

아이가 처음으로 엄마, 아빠를 부르던 순간을 잊지 못합니다.
첫발을 떼고 걸음마를 시작하던 순간을 잊지 못합니다.
이유식과 엄마의 젖을 먹으며 웃음 짓던 때를 기억합니다.
우리 아이가 항상 하나님의 임재 안에서 걷게 하옵소서.
우리 아이가 하나님의 말씀을 기뻐하고 즐거워하게 하옵소서.

모든 인생의 주인 되시는 하나님,

아이의 성장과 발육을 주님께 의탁합니다.

성장이 더디다고 느낄 때마다

나의 때가 아닌 하나님의 때를 인내하며 기다리게 하옵소서.

성장이 비록 더딜지라도 주님의 마음과 사랑으로

아이를 돕는 부모가 되게 하옵소서.

끝까지 기다리며 기도하여

아이의 연약함과 부족함이 변해서

하나님의 부요함으로 채워짐을 경험하게 하옵소서.

예수 그리스도의 이름으로 기도합니다. 아멘.

최용관 목사 | 세계비전교회

66

나는 심었고 아볼로는 물을 주었으되

오직 하나님께서 자라나게 하셨나니

그런즉 심는 이나 물 주는 이는 아무 것도 아니로되

오직 자라게 하시는 이는 하나님뿐이니라.

고전 3:6~7

99

초경 하는 딸을 위한 기도

놀라운 하나님의 섭리

하나님,

우리 가정에 소중하고 귀한 딸을 주셔서 감사합니다.

주님의 은혜로 잘 자라게 하시고 성장시켜 주셔서

어느덧 초경을 하게 되었습니다.

이제 한 여성으로, 생명을 품을 수 있는

진정한 인격체가 되게 하심을 감사드립니다.

사람의 몸을 통해 또 다른 생명을 잉태하고 낳아 기르는 것이

얼마나 경이롭고 감사한 일인지요.

이 신비하고 놀라운 하나님의 섭리를 깨닫고

이해하는 마음을 주셔서,

놀라지 않고 겁내지 않고 오히려 기뻐하고 감사하게 하옵소서.

초경의 경험이 성인이 된다는 좋은 기억으로 남게 하옵소서.

건강하고 규칙적인 월경이 되게 하시고,

생리불순의 고통이 없도록 특별히 인도하여 주옵소서.

우리 딸이 주님 주신 몸을 소중하게 돌보고 정결을 지켜

이 땅에서 순결한 주님의 신부로 살아가게 하옵소서.

세상의 오염된 가치관을 본받지 않고

믿음과 지혜의 현숙한 여성으로 성장하게 하옵소서.

우리를 사랑하사 늘 지켜주시는

거룩하신 예수님의 이름으로 기도합니다. 아멘.

66

자녀들아 이제 그의 안에 거하라
이는 주께서 나타내신 바 되면
그가 강림하실 때에 우리로 담대함을 얻어
그 앞에서 부끄럽지 않게 하려 함이라.

요일 2:28

99

어린이집 입학 감사기도

담대한 다윗처럼

사랑의 하나님,
우리 가정을 사랑하셔서 귀한 선물로 주신 아이가
어린이집에 가게 되었습니다.
지금까지 지혜롭고 건강하게
하나님의 사랑 가운데 잘 자라도록
인도하시고 지켜주셔서 감사합니다.

그동안 집에서 엄마와 아빠랑 지내다가
새로운 선생님과 친구들을 만나게 될 텐데,
하나님께서 함께하시고 지켜주세요.
걱정과 두려움을 이기도록 담대하게 해주세요.
어린이집에서 새로운 생활을 잘하게 도와주세요.
어린이집에서 만나는 모든 이들과 잘 지내게 도와주세요.

골리앗과 싸웠던 다윗처럼

오직 하나님만 의지하고 어린이집을 다니게 해주세요.

오고 가는 길도 안전하게 지켜주세요.

공부할 때는 지혜를 주세요.

식사할 때는 하나님께 감사기도하고 맛있게 먹게 도와주세요.

예수님의 이름으로 기도합니다. 아멘.

66
더 숨길 수 없게 되매
그를 위하여 갈대 상자를 가져다가
역청과 나무 진을 칠하고 아기를 거기 담아
나일 강 가 갈대 사이에 두고
출 2:3
99

유치원 졸업 감사기도
사랑 가득한 아이

언제나 든든하고 따뜻한 하나님,
우리 ○○(이)와 함께하여 주시고
유치원 생활을 건강하게 잘 마치도록
지키고 보호해주셔서 감사합니다.
유치원 생활을 하며 힘들다고 주저앉아 포기하거나
하기 싫다고 돌아서지 않고,
어려운 순간도 참고 견뎌 끝까지 마치게 하시니 감사합니다.
또한 이를 통해 믿음의 꾸준함을 배우게 하시니 감사합니다.

주님, 유치원에서 지낸 시간이 따뜻하고 행복한 기억이 되어
아이가 발랄한 기운과 용기를 얻기를 원합니다.
선생님과 친구들과 함께 지내며 듣고, 보고, 물어보고,
배우고, 어울리던 시간이 지혜의 주춧돌이 되어
바르게 생각하고 말하며 행동하는 힘을 갖게 하옵소서.

주님, 앞으로 진학하는 초등학교에서도

친구들과 경쟁하며 비교하기보다는,

협력하며 화목하게 지내길 원합니다.

친구가 슬퍼할 때 함께 슬퍼하고 친구가 웃을 때 함께 웃는

사랑 가득한 아이가 되게 하옵소서.

무엇보다 좋은 선생님과 친구를 만나게 하옵소서.

하나님의 보호와 인도 속에서 잘 성장하게 하옵소서.

예수님의 이름으로 기도합니다. 아멘.

66

여호와여 주의 도를 내게 가르치소서
내가 주의 진리에 행하오리니
일심으로 주의 이름을 경외하게 하소서.
시 86:11

99

요셉처럼 에스더처럼 **씩씩하게**

우리의 인도자 되시는 하나님,

오늘 사랑하는 ○○(이)가 초등학교에 첫발을 내딛습니다.

지금까지 지켜주시고 사랑해주셔서 감사합니다.

선생님의 지도를 잘 따르고 반 친구들과도 잘 사귀도록

지혜와 명철을 주세요.

하나님, 어려운 학교생활을

요셉처럼 에스더처럼 씩씩하게 잘해서

주님이 원하시는 사람이 되게 해주세요.

학교 공부만 잘하는 것이 아니라,

성경도 많이 읽고 기도도 열심히 해서

하나님의 사랑을 많이 받게 해주세요.

○○(이)의 건강도 지켜주시고

오고 갈 때 자동차도 조심하여 사고 나지 않게 해주세요.

학교에서 점심을 먹을 때 남기지 않고 잘 먹게 해주세요.

모든 일에 활발하게 참여하고

어려운 친구도 많이 도와주게 해주세요.

언제나 정직하고 겸손하여

하나님께도, 사람들에게도 사랑받게 해주세요.

예수님의 이름으로 기도합니다. 아멘.

"
여호와는 네게 복을 주시고 너를 지키시기를
원하며 여호와는 그의 얼굴을 네게 비추사
은혜 배푸시기를 원하며 여호와는 그 얼굴을
네게로 향하여 드사 평강 주시기를 원하노라.
민 6:24~26
"

꿈을 만들고 준비하는 시간

존귀하신 하나님,

저희가 서로를 사랑하고 아껴주는

믿음의 가정 되게 해주셔서 감사합니다.

특별히 ○○(이)가 초등학교를 졸업하도록 지켜주시고

건강하게 자라게 해주셔서 감사합니다.

지금까지 부모님 말씀 잘 듣고, 친구들과 재미있게 지내며,

학교생활을 성실히 하였습니다.

앞으로 더욱 선하고 훌륭한 사람이 되도록

축복하시고 지켜주옵소서.

새롭게 진학하는 중학교 과정이 낯설고 어려울 수 있지만

주님께서 ○○(이)가 어디로 가든지 지키시고 함께하심을 믿고,

강하고 담대한 믿음으로 이겨내도록 인도해주옵소서.

어려울 때는 부모와 상의하고, 친구들과 즐겁고 신나게 지내고,

공부할 때는 성실히 인내하게 하옵소서.

미래를 위해 꿈을 만들고 준비하는 시간이 되기를 소원합니다.

앞으로 ○○(이)가 더 슬기롭고 씩씩하게

중학교 생활을 하도록 준비시켜 주시고,

주님 말씀을 따르고 의지하는 믿음의 자녀가 되게 하옵소서.

○○(이)가 주님의 기쁨이 되게 하옵소서.

저희 가정에 주님의 은혜와 사랑을

풍성히 베풀어주시기를 간절히 원합니다.

예수님의 이름으로 기도합니다. 아멘.

66

내가 네게 명령한 것이 아니냐

강하고 담대하라 두려워하지 말며 놀라지 말라

네가 어디로 가든지 네 하나님 여호와가

너와 함께 하느니라. 수 1:9

99

중학교 입학 감사기도

만남의 **복**

은혜와 사랑이 충만하신 하나님,
선물로 주신 우리 ○○(이)를 지금까지
건강하게 성장하도록 지켜주셔서 감사드립니다.
이제 초등학교를 졸업하고 중학교에 입학합니다.
오늘 여기까지 인도하신 것같이
중학교 생활도 잘하게 도와주옵소서.

하나님, 만남의 복이 최고의 복임을 알기에
이 시간 간절히 기도합니다.
좋은 선생님과 친구를 만나게 해주옵소서.
잘 배우고 잘 사귀어 새로운 학교생활에 잘 적응하게 하옵소서.
몸과 마음을 굳건하게 지켜주셔서
나쁜 것들에 영향 받지 않게 하옵소서.

하나님, 공부도 잘하도록 지혜와 명철을 주옵소서.

장차 하나님이 사용하시는 리더로

성장하게 도와주옵소서.

교회와 나라와 세계를 위해

귀한 도구로 쓰임 받는 자녀가 되게 하옵소서.

앞으로 이루어질 모든 일을 주님께 의지하며,

예수님의 이름으로 축복하며 기도합니다. 아멘.

66

사람이 마음으로 자기의 길을 계획할지라도
그의 걸음을 인도하시는 이는 여호와시니라.

잠 16:9

99

항상 하나님의 말씀으로

은혜와 평강의 하나님,
오늘 우리 아이가 고등학교에 입학하도록
인도해주셔서 감사합니다.
첫 출발부터 하나님께서 동행해주시고
새로운 환경에 잘 적응하게 하옵소서.
치열한 경쟁 속에 있지만,
하나님이 주시는 담대함과 여유를 갖게 하옵소서.

하나님, 서로에 대한 배려와 인내로
같은 반 친구들과 원만하게 지내게 하시고
좋은 선생님의 지도를 받게 해주옵소서.
잘못된 유혹의 손길에서 벗어나게 하시고
요셉과 같은 믿음으로 환경에 좌우되지 않게 하옵소서.

주님, 강하고 담대한 신앙으로

주일을 꼭 지키고 신앙생활을 소홀히 하지 않게 하옵소서.

하나님의 말씀을 단단히 붙들고 살아가게 하옵소서.

하나님께서 항상 보호하시고 지켜주시기를 원합니다.

거룩하신 예수 그리스도의 이름으로 기도합니다. 아멘.

66

내가 네게 명령한 것이 아니냐
강하고 담대하라 두려워하지 말며 놀라지 말라
네가 어디로 가든지 네 하나님 여호와가
너와 함께 하느니라. 수 1:9

99

새 학년을 맞는 자녀를 위한 기도

성령님의 도우심으로

우리를 사랑하시고 도우시는 하나님,
새 학기를 맞아 ○○(이)가 등교하게 해주시니 감사드립니다.
하나님의 자녀인 ○○(이)가 가정에서 부모에게 돌봄을 받듯
학교에서도 성령님의 돌봄을 받게 해주세요.
성령님의 도우심으로 학교에서도 평안하고 행복하며
담대한 생활을 하게 해주세요.

하나님, 우리 ○○(이)의 모든 만남을 축복해주세요.
○○(이)를 잘 지도해주실 좋은 선생님을 만나게 하시고,
마음이 통하는 친구를 만나게 해주세요.
날마다 유익하고 즐거운 시간으로 채워주세요.
또 보혜사 성령님께서 무엇을 말하고
어떻게 행동해야 하는지 알게 하셔서
선생님께는 칭찬받고 친구들에게는 모범이 되게 해주세요.

우리 ○○(이)가 지내는 학교 공간 어디에서나

주님께서 함께하셔서 안전하게 지켜주세요.

다른 이를 사랑하는 용기도 주세요.

그래서 ○○(이)가 있는 곳에

그리스도의 사랑의 열매가 열리게 해주세요.

우리를 사랑하시는 예수님의 이름으로 기도합니다. 아멘.

"

보혜사 곧 아버지께서 내 이름으로 보내실
성령 그가 너희에게 모든 것을 가르치고
내가 너희에게 말한 모든 것을
생각나게 하리라. 요 14:26

"

등교하는 자녀를 위한 기도
빛과 소금된 삶

우리에게 가장 소중한 자녀를 선물로 주신 하나님,
하나님의 사랑하는 ○○(이)가 학교에 갑니다.
하나님께서 오고 가는 길을 안전하게 지켜주시고,
어떤 불의한 사고나 어려움도 만나지 않게
눈동자같이 보호해주옵소서.

학교에서 생활하는 동안
하나님의 자녀다운 말과 행동으로
빛과 소금의 역할을 감당하게 도와주옵소서.
지혜와 명철을 주셔서
학업에서도 두각을 나타내게 하시며
머리가 될지언정 꼬리가 되지 않도록 축복해주옵소서.

오늘 하루의 모든 것이 하나님의 손에 달려 있음을 기억하고 항상 기도로 하나님께 지혜를 구하며 살아가게 하옵소서.

학교생활을 마치고 집으로 돌아오는 순간까지

주님의 손을 꼭 붙잡게 하옵소서.

예수님의 이름으로 축복하며 기도합니다. 아멘.

66
여호와는 네게 복을 주시고
너를 지키시기를 원하며
여호와는 그의 얼굴을 네게 비추사
은혜 베푸시기를 원하며
여호와는 그 얼굴을 네게로 향하여 드사
평강 주시기를 원하노라. 민 6:24~26 99

학교생활 적응기도
하나님께 사랑받는 자녀

우리 가정을 세우시고 은혜 베푸시는 하나님,
사랑하는 자녀를 허락해주셔서 감사드립니다.
○○(이)가 믿음 안에서 주의 자녀로 성장하기를
간절히 소망합니다.
어떠한 유혹과 근심에도 쓰러지지 않게 하시고,
어려움이 있을 때마다 나를 위해 십자가에서 피 흘리신
주님을 바라보게 하옵소서.

사랑하는 ○○(이)의 마음을 보살펴 주옵소서.
낙심하거나 실망하지 않고
하나님께서 주신 꿈과 비전을 품게 하옵소서.
하나님께 사랑받는 자녀로서 정체성을 바로 깨달아
주어진 하루하루 최선을 다해 살아가게 하옵소서.
주변을 돌아보고 힘들어하는 이들을 일으켜주는

넓은 마음도 허락하옵소서.

하나님, 죄와 어둠에서 벗어나
은혜와 빛으로 나아가는 자녀 되게 하옵소서.
하나님께 사랑받는 자녀로서 당당히 학교생활 하게 하옵소서.
하나님과 부모의 기쁨이 되게 하시고,
하나님 나라를 이루어갈 일꾼으로 성장하게 하옵소서.
주의 사랑과 은혜 안에서 회복되고 변화될 것을 믿사오며
우리 주 예수 그리스도의 이름으로 기도합니다. 아멘.

"
평강의 하나님께서 속히 사탄을
너희 발 아래에서 상하게 하시리라
우리 주 예수의 은혜가 너희에게 있을지어다.
롬 16:20
"

하나님이 만드신 최고의 작품

우리를 종으로 부르지 않고

사랑하는 자녀로 불러주시는 하나님,

친구 관계에 어려움을 겪는 ○○(이)를 위해 기도합니다.

친구 관계로 마음을 다치고 힘들어하는 ○○(이)를

위로하여 주옵소서.

먼저 믿음으로 자존감이 회복되게 하옵소서.

자신이 하나님이 만드신 최고의 작품임을 알게 하옵소서.

○○(이)가 예수님의 사랑으로 구원받은 귀한 존재임을 알고

자신을 더욱 사랑하게 하옵소서.

자신이 겪고 있는 힘든 상황보다

하나님의 능력이 더 크심을 알게 하옵소서.

관계 문제를 하나님께 고백하고 지혜를 구하게 하옵소서.

친구들의 반응에 끌려가는 자녀가 아니라
모든 상황에서 하나님의 인도를 받게 하옵소서.
대접받고자 하는 대로 먼저 대접하는 자녀가 되게 하옵소서.
이 어려움을 통해 더욱 성장하게 하옵소서.
예수님의 이름으로 기도합니다. 아멘.

"
네 마음을 다하고 목숨을 다하고 뜻을 다하여
주 너의 하나님을 사랑하라 하셨으니
이것이 크고 첫째 되는 계명이요
둘째도 그와 같으니
네 이웃을 네 자신 같이 사랑하라 하셨으니
이 두 계명이 온 율법과 선지자의 강령이니라.
마 22:37~40
"

수능 백일기도

솔로몬의 지혜로

존귀하신 주님, 우리 아이를 지금까지
은혜의 방패로 호위해주셔서 감사합니다.
이제 대학 입시가 100일밖에 남지 않았습니다.
이스라엘 백성을 구름 기둥과 불기둥으로
가나안 땅까지 인도해주신 것처럼,
주님께서 ○○(이)를 품어 안으사
지원하는 대학에 우수한 성적으로 진학하도록 도와주옵소서.

전능하신 주님, 우리 아이가 입시를 준비하는 동안
지혜와 집중력과 건강을 허락해주옵소서.
부족함이나 모자람 없이 온전하게
잘 준비하도록 도와주옵소서.
입시 날에는 준비한 실력을 마음껏 발휘하게 하시고,
모든 문제마다 바른 답을 분별하도록

하나님께서 솔로몬의 지혜를 허락해주옵소서.

사랑의 주님, 하나님의 완전하심과 능하신 손길로
대학 입시에 합격하도록 무한하신 은총을 베풀어 주옵소서.
좋은 결과로 주님께 영광과 찬양을 돌리게 하옵소서.
모든 것을 주님께 맡깁니다.
우리의 생명과 전부이시며, 대학 입시 합격으로 인도하실
예수님의 이름으로 간절히 기도합니다. 아멘.

이광주 목사 ㅣ 목원대학교

"
여호와를 기뻐하라
그가 내 마음의 소원을
네게 이루어 주시리로다.
시 37:4
"

입시에 실패한 자녀를 위한 기도

하나님의 때

하나님, 가슴 설레며 기대했던 도전이 실패하고서야
나의 길의 주인이 내가 아님을 깨닫습니다.
광야의 여정에서도 오로지 전진만이 아니라
멈춤으로 인내와 순종을 배우게 하셨음을 기억합니다.
나의 시간에서 주님의 시간을 보게 하심을 믿고 감사합니다.

주님은 언제나 주님의 시간과 방법으로
우리가 생각하지 못한 길을 여시고 인도하시며 역사하셨습니다.
오늘 이 멈춤이 무너짐이 아니라 주님의 인도하심으로
하나님의 때를 깨닫는 시간이 되게 하옵소서.

○○(이)가 두려움과 불안에 머물지 않고,
그 너머에서 준비하고 역사하시는 주님을 보기 원합니다.
더 좋은 것으로 채우시는 주님의 은혜 가운데 서기를 원합니다.

포기하거나 낙심하지 않고, 끝까지 도전하는 힘과 용기를 주시고,
내 고집이 아닌 주님의 이끄심에 의지하는 걸음이 되게 하옵소서.

나의 힘이 되신 하나님,
세상의 허망한 꿈이 아닌 하나님의 꿈을 심게 하시고,
오늘의 실패가 걸림돌이 아닌 디딤돌이 되게 하옵소서.
그리고 주님이 허락하시는 열매를 얻게 하옵소서.
부활하셔서 우리의 산 소망 되시는
예수 그리스도의 이름으로 기도합니다. 아멘.

이진구 목사 | 좋은이웃교회

66
네 길을 여호와께 맡기라 그를 의지하면
그가 이루시고 네 의를 빛 같이 나타내시며
네 공의를 정오의 빛 같이 하시리로다.
시 37:5~6
99

유학 가는 자녀를 위한 기도

주님께 무릎 꿇고 기도하는 자

자비로우신 하나님,

사랑하는 ○○(이)를 유학의 길로 인도하셔서

새로운 세상에 나아가 새로운 것을 보고 배우는

기회를 주셔서 감사합니다.

낯선 환경이지만, 많은 것을 경험하고 익히는 데

힘쓰는 자가 되게 하옵소서.

무엇보다도 하나님을 알고, 찾고, 깨닫는

귀한 시간이 되기를 소망합니다.

먼 이국땅에서 힘들고 외로울 때마다

다가오는 유혹에서 건져주시고, 낙심하거나 좌절하지 않고

주님께 무릎 꿇고 기도하게 하옵소서.

기도 중에 하나님의 음성을 듣고 감사의 눈물을 흘리게 하옵소서.

계획하고 목적한 것들을 다 이루어

하나님께 큰 기쁨의 영광을 돌리게 하옵소서.

유학 생활 내내 건강 지켜주시고
믿음의 선한 사람들 많이 만나게 도와주옵소서.
항상 주님과 동행하며 기쁨과 감사로 살아가는
복된 믿음의 사람이 되게 하옵소서.
돌아오는 날까지 주님께서 함께하시고 축복해주옵소서.
예수님의 이름으로 기도합니다. 아멘.

66

내가 네게 명령한 것이 아니냐
강하고 담대하라 두려워하지 말며 놀라지 말라
네가 어디로 가든지 네 하나님 여호와가
너와 함께 하느니라.
수 1:9

99

입대하는 자녀를 위한 기도
강한 용사

살아 계신 하나님,

한 번도 경험해 보지 못한 군 생활을 앞둔 아들이 여기에 있습니다.

지금까지 잘 자라게 하시고 여기까지 도우신 에벤에셀의 은혜로

국방의 의무도 능히 감당하도록 도와주옵소서.

군대라는 특수한 사회를 처음 접합니다.

낯선 병영문화에 두려움을 느끼더라도

언제 어디서나 함께하시는 주님을 의지하여

강하고 담대하게 하옵소서.

우리 아들을 눈동자처럼 지켜주옵소서.

마음에 평강을 주시고 날마다 때마다 베푸시는 은혜로

강한 용사가 되게 인도하옵소서.

집을 떠나 정해진 복무기간 동안 훈련을 잘 마치게 하시고

자대에 배치되어 좋은 사람을 만나게 하옵소서.
군 생활을 통하여 정금과 같이 연단된 믿음으로
사랑하는 아들이 더 성장하게 하옵소서.
주님이 원하시고 국가가 필요로 하는
멋진 주의 자녀가 되게 하옵소서.
예수님의 이름으로 기도합니다. 아멘.

엄재복 목사 | 석성제일교회

"
두려워하지 말라 내가 너와 함께 함이라
놀라지 말라 나는 네 하나님이 됨이라
내가 너를 굳세게 하리라
참으로 너를 도와주리라
참으로 나의 의로운 오른손으로 너를 붙들리라.
사 41:10
"

제대한 자녀를 위한 기도

새로운 사회로 **나아가는 발걸음**

사랑의 주님, 제대한 아들을 위해 기도합니다.
군에 입대할 때 걱정되어 마음 졸였던 게 엊그제 같은데
제대해서 건강하고 늠름해진 아들을 보게 하시니 감사드립니다.
군대에 아들을 보내고 군 관련 사건 소식이 들릴 때마다
조바심으로 가슴 두근거렸던 일들이 주마등처럼 지나갑니다.

군 복무기간 동안 힘들고 어려운 일이 많았겠지만,
사랑하는 아들을 지켜주시고 돌보아 주신
하나님의 은혜에 감사드립니다.
제대한 아들의 미래를 위해 기도합니다.
그동안 배우고 느끼고 결단했던 생각과 마음들이
앞으로 살아가는 데 밑거름이 되게 하옵소서.

하나님을 사랑하고 나라를 사랑하는 아들로

성장하기를 원합니다.

군대 울타리를 벗어나 새로운 사회로 나아가는

아들의 발걸음을 인도하옵소서.

사회에서도 멋진 그리스도인으로 살아가게 능력을 주옵소서.

예수님의 이름으로 기도합니다. 아멘.

"
오직 너 하나님의 사람아 이것들을 피하고
의와 경건과 믿음과 사랑과 인내와 온유를 따르며
믿음의 선한 싸움을 싸우라 영생을 취하라
이를 위하여 내가 부르심을 받았고
많은 증인 앞에서 선한 증언을 하였도다.
딤전 6:11~12
"

독립하는 자녀를 위한 기도

가장 선한 길

우리 삶의 주관자가 되시는 하나님,

우리 가정에 복된 자녀 ○○(이)를 주셔서

지금껏 양육하고 사랑하게 하시니 감사합니다.

또한 ○○(이)가 믿음 안에서 성장하도록 도와주셔서 감사합니다.

낳고 키우는 동안 ○○(이)를 통해 깊은 사랑과 보람을 느꼈습니다.

이제 ○○(이)가 어엿한 청년이 되어 부모 곁을 떠나

자신에게 펼쳐질 인생 길을 걸어가게 되었습니다.

하나님, ○○(이)를 축복해주옵소서.

하늘의 복과 땅의 복을 주 안에서 누리며 살도록

○○(이)의 인생을 인도하옵소서.

담대한 믿음과 총명한 지혜를 주옵소서.

실패를 두려워하지 않고 도전하는 열정을 갖게 하시며

말씀으로 마음의 심지를 굳건히 하도록 인도하옵소서.

가장 선한 길로 이끌어주시고

작은 일에도 충성하며 끈기 있게 하옵소서.

모든 사람과 더불어 화평하게 하시고

매일의 삶 속에서 독수리 같은 새 힘을 더하사

하나님의 영광을 나타내게 하옵소서.

우리 주 예수 그리스도의 이름으로 기도합니다. 아멘.

> 여호와를 의뢰하고 선을 행하라
> 땅에 머무는 동안 그의 성실을
> 먹을 거리로 삼을지어다.
> 시 37:3

결혼하는 자녀를 위한 기도
믿음으로, 사랑 안에서

자비하신 하나님, 주 안에서 자란 우리 ○○(이)가
이제 결혼이라는 거룩한 예식을 통해
새로운 가정을 이루려 합니다.
여기까지 인도하여 주신 에벤에셀의 하나님,
그 은혜에 감사드립니다.
둘이 만나 한 몸 되어 새로운 삶을 열어가는 이 가정 위에
은총을 가득 내려주옵소서.

때로 시련과 역경이 찾아올지라도
부부가 함께 믿음으로 이기게 하시고
사랑 안에서 더욱 아름다운 가정이 되게 인도하옵소서.
기쁠 때는 감사하게 하시고, 슬플 때는 기도하게 하시고,
외로울 때는 찬송하게 하옵소서.
그리하여 주 안에서 늘 승리하는 가정 되게 하옵소서.

결혼을 통해 새롭게 출발하는 가정이

하나님의 사랑과 받은 은혜를 기억하며

하나님을 기쁘게 해드리는 가정이 되게 하옵소서.

한마음으로 주님만을 바라보며

꿈을 이루어 가는 가정이 되게 하옵소서.

가정에 필요한 것들을 채워주시고

사랑으로 충만한 가정 천국을 이루게 하옵소서.

예수 그리스도의 이름으로 기도합니다. 아멘.

66

이러므로 남자가 부모를 떠나
그의 아내와 합하여
둘이 한 몸을 이룰지로다.

창 2:24

99

부모님을 위한 기도

하늘에

소망을 두고

강건하게 하옵소서.

생신 감사기도
믿음 안에서 건강하게

창조의 하나님,
오늘 아버지(어머니) ○○○ 님의 ○○회 생신을 맞아
함께 모여 축하하며 기도하게 하심을 감사합니다.
귀한 생명을 주시고, 복된 가정을 이루게 하시고,
많은 어려움 속에서도 단단한 믿음의 가정으로
가꾸게 하심을 감사합니다.

또한 저희가 주님 안에서 성장하도록 앞장서서 본을 보이고,
따라갈 믿음의 선배가 되게 하심을 감사합니다.
저희와 자녀들이 ○○○ 님의 믿음을 이어가게 하옵소서.
주님, ○○○ 님이 하나님의 은혜에 감사함으로
지난 세월보다 더 큰 은혜를 받아, 주신 복을 누리며,
주님을 위해 기쁨으로 헌신하고 섬기며 살도록
건강을 지켜주옵소서.

하나님, 사랑하는 가족들과 귀하고 복된 시간을

보내게 하심을 감사합니다.

○○○ 님이 허전하지 않도록 저희가 사랑과 감사로

채우게 하옵소서.

그리고 ○○○ 님에게 주님께서 허락하신 남은 시간을

아낄 줄 아는 지혜를 주옵소서.

온 가족이 주님께 나아가 예배드리고, 항상 기도하며,

하늘에 소망을 두고 살아가도록 도와주옵소서.

우리 주 예수 그리스도의 이름으로 기도합니다. 아멘.

66

여호와가 너를 항상 인도하여

메마른 곳에서도 내 영혼을 만족하게 하며

네 뼈를 견고하게 하리니 너는 물 댄 동산 같겠고

물이 끊어지지 아니하는 샘 같을 것이라.

사 58:11

99

신앙의 초석

은혜의 하나님, 부모님이 칠순을 맞도록
지금까지 인도해주심을 감사합니다.
하나님의 강한 손길로 붙들어 주셨기에
이렇게 뜻깊은 시간을 갖습니다.
종려나무같이 날로 번성하고, 백향목같이 더욱 향기가 나고,
멋있게 뻗어나가는 부모님이 되도록 앞으로의 삶도 지켜주옵소서.
신앙의 연륜이 더해질수록 예수님의 성품에
더욱 가까워지도록 은혜를 주옵소서.
특별히 하나님이 부르실 때까지, 날마다 믿음이 단단해지면서
후손들에게 신앙의 초석이 되게 하옵소서.
신앙의 뿌리를 그리스도 안에 깊이 박고
하나님의 성실하심과 거룩하심을 드러내며 살게 하옵소서.
사도 바울의 고백처럼 선한 싸움을 싸우며
마지막까지 믿음을 지키도록 영적인 힘을 주옵소서.

더욱 봉사하고 사랑하며 섬기면서 살아가게 하옵소서.

매일 하늘에서 주시는 에너지를 공급받게 하옵소서.

충성된 자를 위해 예비하신 의의 면류관을 얻기 위해

달려갈 길을 다 달려가는 거룩한 삶을 살게 하옵소서.

매일 하늘의 소망을 품고 남은 삶을 힘차게 살도록

영육 간에 강건의 복을 더해 주옵소서.

오늘 칠순을 맞으신 부모님의 신앙이

후손들의 이정표가 되게 성령의 기름을 부어 주옵소서.

오늘까지 지켜주시고 건강하게 인도해주셔서 감사드리며

예수 그리스도의 이름으로 기도합니다. 아멘.

"
그는 늙어도 여전히 결실하며 진액이 풍족하고
빛이 청청하니 여호와의 정직하심과
나의 바위 되심과 그에게는 불의가 없음이
선포되리로다. 시 92:14~15
"

모든 것이 하나님의 은혜

은혜가 풍성하신 하나님, 오늘 ○○○ 님의 팔순을 맞이하여
지금까지 사랑과 돌보심으로 인생을 인도하신 하나님께
진심으로 감사드립니다.
건강을 지켜주시고 마음의 평안을 주셔서 감사드립니다.
팔십 평생 이루어진 모든 것이 하나님의 은혜임을 고백합니다.
이 시간 감사하는 마음으로
○○○ 님의 삶을 주관하시는 하나님께 영광을 돌려드립니다.

태어나서 노년에 이르기까지 안아주시고 품어주신 하나님,
남은 인생, 주님의 돌보심으로 건강하고 즐겁게
살아가도록 인도하옵소서.
또한 이 땅에 사는 동안 하나님과 사람 앞에 신실하여
마지막까지 맡은 바 사명을 잘 감당하게 하옵소서.

영광의 주님 나라에 들어가기 전까지
믿음을 지키도록 도와주옵소서.
그리고 자녀들을 위해 기도하게 하옵소서.
아울러 가정과 교회에서 신앙의 모범이 되어
모든 사람에게 덕을 끼치며 살아가게 하옵소서.
천국의 소망 되시는 예수님의 이름으로 기도합니다. 아멘.

주님과 동행하는 복

참 좋으신 하나님 아버지,

우리 가정에 오늘같이 기쁘고 복된 날을 주셔서 감사드립니다.

어머님, 아버님이 먼저 하나님을 경외하게 하시고,

예수님을 구주로 영접하여

우리 가족이 거듭난 삶을 살게 하시니 감사드립니다.

주님의 은혜로 우리는 교회 같은 가정을 꾸리고,

이 땅에서 작은 천국을 경험하고 누리며 살아갑니다.

하나님 말씀에 우리의 연수가 칠십이요

강건하면 팔십이라고 하셨는데,

저희 부모님의 생애를 복되게 하셔서 강건케 하시고

결혼 후 50주년, 금혼식을 맞게 하셨습니다.

이날을 맞기까지 수많은 시련과 역경이 있었지만

넉넉히 감당하게 하시고

오직 믿음으로 승리하게 하시니 감사드립니다.

이날의 영광을 온전히 하나님께 올려 드립니다.

이제는 저희가 부모님의 기쁨이 되게 하옵소서.

하나님, 이 시간 저희 자녀에게 소원이 있습니다.

부모님의 삶을 더욱 복되게 하사 결혼 100주년을 맞기까지

기력이 쇠하지 않고 강건하게 하옵소서.

저희 부모님이 주님과 동행하는 복을 누리다가

하나님 보좌 앞에서 금 면류관을 받게 하옵소서.

예수 그리스도의 이름으로 기도합니다. 아멘.

66

네 부모를 즐겁게 하며

너를 낳은 어미를 기쁘게 하라.

잠 23:25

99

예수 영접 기도
하나님의 인도하심을 따라

구원의 주가 되시는 하나님,

저희 가정에 귀한 부모님을 허락해주셔서 감사합니다.

그동안 많은 수고로 저희를 양육하셨습니다.

그 헌신으로 저희가 잘 성장하여 각기 가정을 세울 수 있었습니다.

모든 것이 부모님의 헌신과 사랑 덕택입니다.

이런 부모님을 주신 하나님께 감사를 드립니다.

이제 우리 부모님이 예수님을 믿어 구원 받기를 원합니다.

마음의 문을 열어 주옵소서.

예수님을 나의 주님으로 시인하고

입술로 고백하는 믿음을 주옵소서.

지난날의 모든 죄를 사하여 주시고

하나님의 자녀로 택함 받게 하옵소서.

남은 삶은 오직 하나님의 인도하심을 따라 살게 하시고

영원한 천국 소망을 갖게 하옵소서.

마음의 평안과 몸의 건강을 주옵소서.

주 안에서 구원의 기쁨과 소망이 충만하게 하옵소서.

앞으로 예수 그리스도를 본받아 살게 하시고

인생의 끝까지 믿음으로 승리하게 하옵소서.

예수 그리스도의 이름으로 기도합니다. 아멘.

66

하나님이 세상을 이처럼 사랑하사
독생자를 주셨으니 이는 그를 믿는 자마다
멸망하지 않고 영생을 얻게 하려 하심이라.
요 3:16

99

주님의 마음과 뜻을 헤아리며

사랑의 하나님 아버지,

오늘같이 축복된 날을 계획하시고 허락해주시니 감사합니다.

하나님께서 우리의 모든 것을 아시고

한없이 품어주시는 사랑으로

여기까지 이르게 하셨음을 고백하고 찬양 드립니다.

태초부터 하나님의 섭리로 부모님의 영혼을 사랑해주시고,

예수 그리스도를 영접하여 하나님의 자녀 되게 하시고

세례받게 하시니 감사합니다.

우리를 길러주시고, 우리를 위해 기꺼이 삶을 내어주신

부모님을 허락하신 하나님께 감사드립니다.

아버지(어머니)의 남은 삶에 복을 주시고

주님 안에서 참 평안을 누리게 하옵소서.

세례받은 이후 성령과 동행하는 삶을 통해
겸손히 충성을 다하여 주님의 기쁨이 되게 하옵소서.
많은 사람을 품으며 주님의 마음과 뜻을 헤아리는
부모님이 되게 하옵소서.
또한 주님의 나라에서 영원한 안식을 누릴 때까지
이 땅에서 건강하고, 기쁨이 충만한 삶이 되게 하옵소서.
예수 그리스도의 이름으로 기도합니다. 아멘.

66
예수께서 세례를 받으시고 곧 물에서 올라오실새
하늘이 열리고 하나님의 성령이 비둘기 같이
내려 자기 위에 임하심을 보시더니
마 3:16
99

흔들리지 않는 부활의 믿음과 소망

하나님 아버지, 지금 ○○○이(가) 숨을 거두고
하나님께로 돌아가나이다.
하나님께서 생명을 주셔서 이 세상에 태어나 살다가
이제 하나님께서 부르셔서 다시 하나님께로 돌아가는
주님의 섭리임을 믿습니다.
하나님 아버지, ○○○의 영혼을 받아주옵소서.

세상에서 사는 동안 겪었던 아픔과 슬픔과 고통은
주님의 보혈로 씻어 주시고,
저희와 함께했던 행복한 시간만 기억하게 하옵소서.
아름다웠던 사랑과 기쁨만 기억하게 하옵소서.
저희는 죽음이 끝이 아니라
육체의 삶을 마치고 잠자는 것임을 믿습니다.
세상에서 누리지 못한 평안과 안식을 허락해주옵소서.

무엇보다 주님께서 천사장의 소리와

하나님의 나팔 소리와 함께 강림하실 때 잠에서 깨어나,

주 안에서 다시 만나 영원히 살게 하옵소서.

하나님 아버지, 이 시간 돌아가신 ○○○을(를) 보는

저희의 마음이 인간적으로는 심히 허망하고 슬픕니다.

주여, 남아 있는 가족을 붙들어 주시고

흔들리지 않는 부활의 믿음과 소망을 주옵소서.

슬픔을 추스르고 다시 만날 그날을 기약하며

모든 장례 절차를 은혜롭게 치르도록 도와주옵소서.

예수님의 이름으로 기도합니다. 아멘.

김칠수 목사 ─ 큰나무교회

66

우리의 연수가 칠십이요 강건하면 팔십이라도

그 연수의 자랑은 수고와 슬픔뿐이요

신속히 가니 우리가 날아가나이다.

시 90:10

99

부부의 기도

삶의 현장에서

하나님의 뜻 앞에

순종하게 하옵소서.

세례를 위한 기도
새사람으로 거듭나는 날

존귀하신 하나님,
○○○이(가) 세례받는 은혜를 주시니 감사합니다.
오늘은 새로 거듭나는 참으로 귀한 날입니다.
오늘 세례를 받음으로
옛사람은 죽고 새사람으로 살아가게 하옵소서.
그리스도인으로 주님을 따라 살게 하옵소서.

머리에 거룩한 물이 떨어질 때
성령의 빛으로 인도받기 원합니다.
하늘의 영광이 가득하게 하옵소서.
세례를 받음으로 이제 왕 같은 제사장이 되게 하시고
거룩한 교회의 일원으로 존귀하게 쓰임 받는
주님의 도구가 되게 하옵소서.

세례를 통하여 영혼 사랑하는 마음을 주셔서

내가 만난 주님을 증거 하며

복음 전하는 일에도 앞장서게 하옵소서.

오늘 이 고백이 평생토록 마음의 결단이 되게 하옵소서.

오늘도 살아 계셔서 우리를 거듭나게 해주신

예수 그리스도의 이름으로 기도합니다. 아멘.

"

무릇 그리스도 예수와 합하여 세례를 받은 우리는
그의 죽으심과 합하여 세례를 받은 줄을 알지
못하느냐 그러므로 우리가 그의 죽으심과 합하여
세례를 받음으로 그와 함께 장사되었나니
이는 아버지의 영광으로 말미암아
그리스도를 죽은 자 가운데서 살리심과 같이
우리로 또한 새 생명 가운데서 행하게 하려 함이라.
롬 6:3~4

"

배우자 생일 기도

하나님을 기쁘시게

생명의 참 주인이신 하나님,

하나님께서 짝을 지어 주셔서

부부로 한 몸을 이루어 살게 하시니 감사드립니다.

오늘은 특별히 사랑하는 남편(아내) ○○○의 생일을 맞아

이 세상에 태어나게 하신 하나님께 감사드립니다.

하나님께서 허락해주신 한평생의 삶이

건강하고 지혜롭고 가치 있는 삶,

하나님을 영화롭게 하는 삶이 되게 하옵소서.

하나님, 간절히 원하오니 사랑하는 남편(아내) ○○○이(가)

하나님께 큰 기쁨이 되게 하옵소서.

주님께서 주인 되신 우리 가정에

하나님의 은총을 풍성하게 채워가는 신실한 믿음의 사람,

가족의 든든한 버팀목이 되게 하옵소서.

하나님의 말씀에 순종의 본을 보임으로

자녀들에게 존경받고 사랑받는 아버지(어머니)가 되게 하옵소서.

주님의 몸 된 교회의 건강한 지체로

충성되게 섬기고 봉사하여

하나님을 영화롭게 하는 일꾼이 되게 하옵소서.

사회에서 약한 자를 돌아보며 하나님의 사랑을 실천하여

그리스도의 향기를 발하는 삶을 살게 하옵소서.

예수님의 이름으로 기도합니다. 아멘.

이경원 목사 ㅣ 대평교회

66

나의 생전에 여호와를 찬양하며

나의 평생에 내 하나님을 찬송하리로다.

시 146:2

99

주님의 마음을 회복시켜 주옵소서

오늘 하루를 허락하신 하나님,

주의 은혜로 무사히 하루를 지내게 해주셔서 감사합니다.

이 밤도 품어주셔서 치유의 자장가로 오늘의 허물을 덮어주시고

몸과 마음을 회복시켜 주시기 원합니다.

주님의 마음을 더 세밀히 깨닫도록

오늘 밤 저희 마음에 거하시길 간구합니다.

어떤 압박에도 타협하지 않고

악에 지지 말고

선으로 악을 이기도록 깨우쳐 주옵소서.

주님의 지극하신 사랑을 깨닫게 하옵소서.

그 사랑을 마음과 영혼에 풍성히 채워주옵소서.

주님이 주시는 평화와 사랑에 늘 깨어 있게 하옵소서.

그리하여 성령의 도우심을 늘 증거 하게 하옵소서.

은혜로 인도하고 다스려주옵소서.
두려워 말고 놀라지 말고 담대하게
영생의 약속 안에 승리하게 하옵소서.
오늘 밤, 이 영혼을 아버지께 의탁하며
우리 예수님의 이름으로 기도합니다. 아멘.

이세희 목사 | 국제교류관

"
또 무엇을 하든지 말에나 일에나
다 주 예수의 이름으로 하고
그를 힘입어 하나님 아버지께 감사하라.
골 3:17
"

임신을 위한 기도

하나님의 귀한 선물

사람의 태를 열기도 하고 닫기도 하시는 하나님,
오늘 이 시간 임신을 간절히 원하여
주님의 은혜를 기다리며 기도합니다.
자녀 된 우리의 간절한 기도에 귀 기울이시고
긍휼히 여기시는 아버지 하나님을 고백하며 기도합니다.

생명은 주님의 것이고
생명의 잉태와 출생은 온전히 주님께 속한 일이며
또한 우리에게 주시는 가장 귀한 선물임을 압니다.
태의 열매를 간구하며 새 생명 잉태를 기대하는
우리 가정을 돌보시어 임신의 은혜를 베풀어 주옵소서.
태의 문을 열어 주옵소서.
"내가 아이를 갖도록 하였은즉 해산하게 하지 아니하겠느냐."는
말씀이 이루어지게 하옵소서.

"나는 해산하게 하는 이인즉 어찌 태를 닫겠느냐."는 말씀대로
우리 가정에 태의 문을 활짝 열어 주옵소서.
우리를 둘러싼 모든 어둠의 영을 예수 보혈로 덮으사
몰아내 주시고 하나님께서 살아 계심을 보여 주옵소서.
태의 문이 열릴지어다!
주 예수 그리스도의 존귀한 이름으로 기도합니다. 아멘.

66
내가 아이를 갖도록 하였은즉
해산하게 하지 아니하겠느냐
나는 해산하게 하는 이인즉
어찌 태를 닫겠느냐. 사 66:9
99

임신 감사기도
주님의 보살핌 안에서

빛과 생명 되시는 하나님,
주님의 은혜 안에서 아름다운 가정을 이루게 하시고,
복된 자녀를 선물로 주셔서 감사합니다.
우리 가정에 주신 태중의 아기가
주님의 보살핌 안에서 건강하게 하시고
주님의 은혜와 사랑으로 잘 자라게 하옵소서.

임신 중인 산모의 건강을 지켜주시고
마음에 평안을 주셔서 염려와 걱정을 물리치게 하옵소서.
기도와 말씀으로 산모와 태아가 친밀한 교감을 갖게 하옵소서.
특별히 산모가 찬양과 기도로 태교에 힘쓰게 하옵소서.

하나님, 임신 중에 가정에 우환이 없게 하시고
임신으로 인하여 신앙생활을 게을리하지 않게 하옵소서.

세례 요한이 태중에서부터 성령 충만하였던 것처럼,

우리 아기도 성령 충만케 하옵소서.

출산과 산후 조리하는 모든 과정도 인도해주옵소서.

귀한 생명을 주신 하나님을 찬양하오며

예수 그리스도의 이름으로 기도합니다. 아멘.

66

내 마음이 여호와로 말미암아 즐거워하며
내 뿔이 여호와로 말미암아 높아졌으며
내 입이 내 원수들을 향하여 크게 열렸으니
이는 내가 주의 구원으로 말미암아
기뻐함이니이다. 삼상 2:1

99

출산 전 기도
순산을 **위하여**

하나님, 주님의 계획하심과 은혜 가운데

귀한 자녀를 주셔서 감사합니다.

지난 열 달 동안 잘 지켜주셔서 이제 출산을 앞두고 있습니다.

모든 것이 하나님의 은혜임을 고백합니다.

주님, 출산을 앞두고 걱정도 되고 긴장됩니다.

주님께서 안아 주시고 평안을 주옵소서.

진통도 잘 견디게 도와주옵소서.

순산할 수 있게 도와주옵소서.

자비의 하나님, 의료진의 손길 가운데 함께해주옵소서.

작은 실수 하나도 없이, 출산의 모든 과정이

주님의 보호 아래 이루어지게 하옵소서.

산모와 아기의 안전과 건강을 지켜주시고

해산의 모든 고통과 어려움도 잘 이기게 하옵소서.

하나님, 앞으로 믿음의 부모로서 주께서 맡기시는 자녀를
주님의 말씀과 사랑으로 충실히 양육하도록
지혜도 허락해주옵소서.
태어날 자녀가 축복의 통로가 되게 하옵소서.
존귀하신 예수 그리스도의 이름으로 기도합니다. 아멘.

"

여자가 해산하게 되면
그 때가 이르렀으므로 근심하나
아기를 낳으면 세상에 사람 난 기쁨으로 말미암아
그 고통을 다시 기억하지 아니하느니라
지금은 너희가 근심하나 내가 다시 너희를 보리니
너희 마음이 기쁠 것이요 너희 기쁨을 빼앗을 자가
없으리라. 요 16:21~22

"

회복시켜 주시는 하나님

인간의 생사화복을 주관하시는 하나님,
주님의 은혜로 저희 가정에 귀한 생명을 허락하시고
임신 중에 산모와 태아를 안전하게 지키고 보호하셨다가
건강하게 아기를 출산하게 해주셔서 감사합니다.

하나님, 출산 후 회복하는 과정에도
주님의 손이 함께하여 주옵소서.
산모와 아기를 담당하는 의료진들을 축복하셔서
사랑과 정성의 손길로 돌보게 하시고
건강하게 퇴원하도록 도와주옵소서.
산후 조리하며 불편함이 없게 하시고
필요한 도움을 받아 건강을 잘 회복하게 하옵소서.

하나님, 가정에서 자녀를 양육할 때

모든 순간, 모든 상황마다 주님의 인도하심을 따라

말씀과 기도로 믿음의 본을 보이는 부모가 되게 하옵소서.

성령님이 함께하시는 아름다운 가정,

화목한 가정을 이루게 하옵소서.

아기를 키우는 일로 신앙생활을 게을리하지 않게 하시고,

주님께 영광 돌리는 가정이 되도록 인도하여 주옵소서.

우리 주 예수 그리스도의 이름으로 기도합니다. 아멘.

66
아기가 자라며 강하여지고 지혜가 충만하며
하나님의 은혜가 그의 위에 있더라.
눅 2:40
99

주님의 마음으로 일하는 기쁨

하나님, 일터를 위한 기도에 응답하사
필요한 직장을 주시니 감사합니다.
영광을 오직 하나님께만 올려 드립니다.
이 아침 첫 출근을 앞두고 다시 구하오니
나만 홀로 가게 하지 마시고 오가는 길 동행하여 주옵소서.

허락하신 일터에서 맡겨진 일을 성실히 감당하게 하시고
기쁨으로 일하게 하옵소서.
함께 일하는 동료들과 협력하고
언행에서 내 안에 함께하시는 주님을 드러내게 하옵소서.
나의 모든 수고와 땀이, 썩을 양식을 위한 것이 아니라
하나님께 영광이 되게 하옵소서.

오늘 하루도 우리 가정을 지켜주시고

내가 없는 동안 안전과 평안을 더하여 주옵소서.
하루의 일과를 마치고 돌아와 식탁과 침상에서
하나님께 감사하게 하옵소서.
우리 가정을 사랑하시는
예수 그리스도의 이름으로 기도합니다. 아멘.

"
하나님이 그들에게 복을 주시며
하나님이 그들에게 이르시되
생육하고 번성하여 땅에 충만하라, 땅을 정복하라,
바다의 물고기와 하늘의 새와 땅에 움직이는
모든 생물을 다스리라 하시니라.
창 1:28
"

하나님의 복을 누리는 삶

사랑의 하나님, 건강과 일터를 허락하셔서
사업할 수 있게 인도하시니 감사드립니다.
재물 얻는 능력을 하나님께서 주신다고 하셨으니
교만하지 않고 늘 겸손한 마음으로 주신 은혜에 감사하게 하옵소서.

때로 어려움과 위기를 만날지라도
하나님으로 인해 좌절하거나 낙심하지 않게 하옵소서.
편법과 인간적 술수에 기대어
힘든 일을 피하고 싶은 유혹에 사로잡히기도 하지만
세상의 유혹을 이기는 힘과 용기를 주옵소서.

나의 도움이 되시는 하나님,
주님만 의지하며 기도하게 하옵소서.
하나님의 도움을 기대하며 정직하고 성실하게

주어진 일들을 묵묵히 감당하게 하옵소서.

복 주기를 기뻐하시는 하나님께서

하늘 문을 열고 마음껏 복을 내려주시는

사업장이 되게 해주옵소서.

예수님의 이름으로 기도합니다. 아멘.

"
네가 네 하나님 여호와의 말씀을 삼가 듣고
내가 오늘 네게 명령하는 그의 모든 명령을
지켜 행하면 네 하나님 여호와께서 너를
세계 모든 민족 위에 뛰어나게 하실 것이라.
신 28:1
"

직분 감사기도

교회를 세워가는 일꾼

생명을 살리고 역사를 주관하시는 하나님,

오늘 직분자로서 하나님 앞에 서게 하심을 감사드립니다.

내게 주신 소명을 분명히 인식하고,

사명자로서 신실함을 갖추게 하옵소서.

교회와 그리스도인의 이미지가 실추되었지만

시대의 아픔을 품고 헌신하는 일꾼이 되게 하셔서,

삶의 현장에서 하나님의 이름을 영화롭게 하는 자가 되게 하옵소서.

비록 나는 질그릇일지라도

내 안에 보배이신 예수님이 계심을 믿고

기쁨과 자긍심으로 헌신하는 일꾼이 되게 하옵소서.

직분의 의미를 깨달아 하나님이 디자인하신 교회를 세워가는 데

헌신하는 종이 되게 하옵소서.

직분자로서 아름다운 향기를 발하며

섬김의 본이 되신 예수님을 따라

즐겁고 행복한 사역자로서 품위를 지키게 하옵소서.

하나님, 직분자로서의 삶을 위해 말씀을 늘 묵상하게 하옵소서.

설교에 늘 은혜 받고 담임목사님의 사역을 신뢰하는

진실한 성도가 되게 하옵소서.

오늘도 함께하셔서 격려하시고 채근하시고

힘 주실 성령님의 은혜를 사모하며

예수님의 이름으로 기도합니다. 아멘.

김상근 목사 ㅣ 큰빛교회

"
누구든지 네 연소함을 업신여기지 못하게 하고
오직 말과 행실과 사랑과 믿음과 정절에 있어서
믿는 자에게 본이 되어 내가 이를 때까지
읽는 것과 권하는 것과 가르치는 것에 전념하라.
딤전 4:12~13
"

낙심 가운데 기도
피할 바위가 되시는 하나님

우리가 낙심할 때 함께 계시며 피할 바위가 되시는 하나님,
이 시간 어려움을 당해 고통 가운데 있는 ○○을(를) 위해
하나님 앞에 기도하게 하시니 감사합니다.
지금 맞닥뜨린 문제를 우리 힘으로는 어찌할 수 없습니다.
어려움과 고통에서 우리 가족을 건져 주시고
새 힘을 부어 주옵소서.
어디로 가야 할지, 무엇을 해야 할지 모르오니
하나님의 능하신 손길로 건져 주옵소서.

이 고난으로 인한 낙심에
하나님의 분명한 뜻이 있음을 깨닫게 하옵소서.
하나님의 크신 권능이 견고한 놋 성벽이 되어
이기게 하신다는 하나님의 말씀을 기억합니다.
우리 가족을 하나님의 능력으로 붙잡아 주시고

살아 계신 하나님을 만나게 하옵소서.

더는 낙심하지 않고 견고한 믿음으로 승리하여
믿음의 강한 군사로 서게 하옵소서.
성령께서 함께하셔서 우리 가족이 늘 기도하게 하시고
이번 기회에 크신 은혜를 얻게 하옵소서.
주 예수 그리스도의 이름으로 기도합니다. 아멘.

66
우리가 이 보배를 질그릇에 가졌으니
이는 심히 큰 능력은 하나님께 있고
우리에게 있지 아니함을 알게 하려 함이라
우리가 사방으로 욱여 쌈을 당하여도
싸이지 아니하며 답답한 일을 당하여도
낙심하지 아니하며 고후 4:7~8
99

악몽을 꾸었을 때 기도

단잠을 주시는 하나님

모든 재앙과 환난에서 지켜주시며 구원하시는 능력의 하나님,
지금까지 오직 주의 은혜로 우리 가정을 지켜주셔서 감사드립니다.
사랑하는 자에게 단잠을 주신다고 하셨는데
때로는 악몽을 꾸기도 합니다.

하나님, 악몽을 꿀 때는 두려움과 염려가 틈탈 수밖에 없습니다.
그럴 때마다 주님의 보혈로 덮어주시어
악몽이 현실로 나타나지 않게 하시고,
주님 주시는 평안으로 충만하게 하옵소서.
악몽에 시달리지 않고 단잠을 이루게 하옵소서.

하나님, 우리 가족이 예수님의 보혈을 의지하여
찬송하며 기도할 때
모든 재앙이 사라지고 두려움이 물러가며

축복의 역사가 나타나게 하옵소서.
우리의 간구를 들어주실 것을 온전히 믿으며
예수님의 이름으로 기도합니다. 아멘.

"
여호와께서 애굽 사람들에게
재앙을 내리려고 지나가실 때에
문 인방과 좌우 문설주의 피를 보시면
여호와께서 그 문을 넘으시고
멸하는 자에게 너희 집에 들어가서
너희를 치지 못하게 하실 것임이니라.
출 12:23
"

다시 일어날 힘

모든 일의 시작과 끝을 주관하시는 하나님,
때를 따라 도우시고 인도하셔서
여기까지 살아오게 하신 은혜를 감사드립니다.
그러나 우리의 부족함과 연약함 때문에
은혜로 시작한 일이 실패로 끝날 때가 있습니다.

하나님께서 허락하신 기업임을 믿고
주님께 영광되기를 원하며 최선을 다했지만
실패하여 낙심이 됩니다.
주님, 긍휼을 베푸셔서 다시 일어날 힘을 허락하옵소서.
범사에 기한이 있고 천하만사에 다 때가 있음을 믿습니다.
지금 제가 겪는 고난이
하나님께서 행하시는 일 가운데 복이 되게 하사
하나님의 영광의 때가 되게 하옵소서.

궁휼하신 하나님, 제가 사업을 하는 중에

하나님보다 앞섰거나 사람을 의지했거나 욕심을 부렸다면

성령님께서 깨우쳐 주시고, 회개할 마음을 주사

하나님의 뜻 앞에 순종하게 하옵소서.

하나님을 사랑하고 그의 뜻대로 부르심을 입은 자에게

모든 것이 합력하여 선을 이룰 줄 믿습니다.

온전히 하나님만을 의지하오니 새 힘을 주사

무슨 일이든 다시 시작할 수 있는 소망과 용기를 주옵소서.

우리 주 예수 그리스도의 이름으로 기도합니다. 아멘.

66
우리가 알거니와 하나님을 사랑하는 자
곧 그의 뜻대로 부르심을 입은 자들에게는
모든 것이 합력하여 선을 이루느니라.
롬 8:28
99

맡겨주신 사명에 충실한 삶

사랑이 풍성하신 하나님,

다윗의 인생을 지키시듯 제 삶을 지켜주셔서

명예롭게 퇴직하게 하시니 감사드립니다.

일할 수 있는 직장을 주시고

그 일을 감당할 수 있는 건강을 주신 은혜에 감사드립니다.

부족한 믿음과 허물 많은 행함 속에서도

긴 세월 동안 무던히 참으시고

이 자리에 있게 해주셔서 감사드립니다.

광야에서 날마다 만나를 공급해주신 것처럼

직장을 통해 매일의 필요를 공급해주셔서 감사드립니다.

지나온 모든 순간이 전적으로 하나님의 은혜요

도우심이었음을 고백합니다.

선하신 주님께 제 앞길을 맡깁니다.

주님 뜻대로 써주옵소서.

그동안 받은 은혜를 이제는 넉넉한 마음으로
다른 이들에게 흘려보내며
하나님께 영광 돌리는 삶을 살게 하옵소서.
퇴직 후에도 모든 일에 최선을 다하고
목숨이 다하는 날까지 복음을 전하며
주님 맡겨주신 사명에 충실한 삶을 살게 하옵소서.
내 삶을 인도하시는 예수님의 이름으로 기도합니다. 아멘.

김동현 목사 ｜ 제자들교회

"

나의 힘이신 여호와여 내가 주를 사랑하나이다
여호와는 나의 반석이시요 나의 요새시요
나를 건지시는 이시요 나의 하나님이시요
내가 그 안에 피할 나의 바위시요 나의 방패시요
나의 구원의 뿔이시요 나의 산성이시로다.
시 18:1~2

"

병으로 고통당할 때 기도

고통 속에 숨겨진 하나님의 뜻

치료의 하나님, 뜻하지 않은 질병으로
고통 가운데 있는 우리 가정을 위해 기도합니다.
실망하거나 낙심하지 않게 하옵소서.
오히려 고통 속에 숨겨진 하나님의 뜻을 찾게 하옵소서.
주님께서 하고자 하시면 능치 못할 일이 없음을 믿습니다.
주님의 손으로 병든 곳을 어루만져 주시고
병의 근원을 치료해주옵소서.

치료받을 수 있게 좋은 의료진을 만나게 하시고
환자가 낙심하지 않고 치료에 최선을 다하게 하옵소서.
또한 우리 가정에 평화와 위로를 내려주시고
가족의 유대가 강해지게 하옵소서.
주님 안에서 더욱 단단한 사랑의 끈으로
하나 되게 하옵소서.

질병으로 우리의 믿음이 더욱 성숙해지게 하시고

질병으로 어려움 속에 있는 우리 가정이 더욱 견고하게 서도록

참된 위로와 소망을 주옵소서.

우리 주 예수 그리스도의 이름으로 기도합니다. 아멘.

윤영호 목사 | 남부교회

66

믿음의 기도는 병든 자를 구원하리니

주께서 그를 일으키시리라

혹시 죄를 범하였을지라도

사하심을 받으리라. 약 5:15

99

여호와 라파, 치유의 하나님

인간의 생명을 주관하시는 하나님,
질병으로 병원에 입원하기 전 하나님께 간구합니다.
나를 향한 하나님의 생각은 재앙이 아니라 평안과 희망임을 믿지만
두려움과 염려가 앞서는 연약함을 고백합니다.
지금까지 하나님의 은혜 안에 거하게 하신 것처럼,
앞으로 남은 인생도 하나님의 은혜가 아니면
한순간도 살 수 없는 나를 긍휼히 여겨 주옵소서.

입원하여 검사하고 치료하는 과정이 두렵고 떨리지만
믿음의 눈을 들어 하나님의 일하심을 바라보며
여호와 라파, 치유의 하나님을 경험하게 하옵소서.

남겨진 가족, 교회 공동체, 직장과 사업의 터전을
온전히 하나님께 맡깁니다.

마음의 모든 염려, 걱정, 두려움을

예수님의 십자가 앞에 내려놓습니다.

나의 질병과 입원과 치료의 모든 과정도 주님께 맡깁니다.

이 일을 통해 하나님과 더욱 친밀하게 하시며

나를 사랑하시고 치유하시는 기적의 하나님을 간증하게 하옵소서.

두려워 말라는 하나님의 음성 들으며

평안한 밤을 보내게 하옵소서.

예수님의 이름으로 기도합니다. 아멘.

"
너희를 향한 나의 생각을 내가 아나니
평안이요 재앙이 아니니라
너희에게 미래와 희망을 주는 것이니라.
렘 29:11
"

주님의 강한 손으로

인간의 생사화복을 주관하시는 하나님,

수술을 앞둔 당신의 사랑하는 자녀 ○○을(를) 위해 기도합니다.

친히 찾아오셔서 함께해주시고 평안을 허락해주옵소서.

주님이 우리의 세포 하나하나까지 친히 만드시고

통치하시는 분임을 믿습니다.

주님의 강한 손으로 치유하사 회복되게 하옵소서.

수술에 대한 두려움과 걱정을 믿음으로 이기게 하시고

주님의 도우심을 확신하게 하옵소서.

하나님의 선하신 뜻을 고백하며 수술받게 하옵소서.

수술 중에도 하나님의 도우심을 경험하게 하옵소서.

수술은 의사들이 하지만 치료하는 분은 하나님이십니다.

수술을 집도하는 의료진들의 손길을 간섭하시고 붙잡아 주셔서 하나님의 치유가 나타나는 시간이 되게 하옵소서.
간호하는 가족에게도 함께하셔서 지치지 않게 하시고
하나님의 평강과 위로가 충만하게 하옵소서.
예수님의 이름으로 기도합니다. 아멘.

66

두려워하지 말라 내가 너와 함께 함이라
놀라지 말라 나는 네 하나님이 됨이라
내가 너를 굳세게 하리라
참으로 너를 도와 주리라
참으로 나의 의로운 오른손으로
너를 붙들리라. 사 41:10

99

하나님이 주시는 평강으로

우리를 고아와 같이 버려두지 않으시는 하나님,
우리 인생의 주관자가 되어주시니 감사합니다.
오늘 ○○이(가) 수술을 받습니다.
집도하는 의료진에게 지혜를 주시고
세심하고 꼼꼼하게 실수하지 않고
정성을 다해 수술에 임하게 하옵소서.

수술 받는 ○○을(를) 지켜주셔서
두렵고 떨리는 마음이 사라지게 하시고
하나님이 주시는 평강으로 채워주옵소서.
수술은 사람이 하지만 치료하시는 분은 하나님이심을 믿고
담대하게 수술에 임하게 도와주옵소서.
수술 후 회복 과정도 함께하셔서 상처가 잘 아물게 하옵소서.
후유증이 생기지 않고 온전히 잘 회복되게 도와주옵소서.

수술 후 회복하는 과정에 통증이 있을 텐데 잘 견디게 하옵소서.

육신의 통증을 느낄 때마다 나 같은 죄인을 구원하시기 위해

십자가의 모진 고통을 참고 인내하신

예수님의 은혜와 사랑을 생각하게 하옵소서.

그 사랑이 얼마나 큰지 깨달아 십자가 앞으로

더 가까이 나가는 영적 성숙의 기회가 되게 하옵소서.

부활이요 생명이신 예수님의 이름으로 기도합니다. 아멘.

"

여호와의 말씀이니라 그들이 쫓겨난 자라 하매
시온을 찾는 자가 없은즉 내가 너의 상처로부터
새 살이 돋아나게 하여 너를 고쳐 주리라.

렘 30:17

"

이전보다 강건한 은혜

사랑의 주님, 질병으로 괴로웠던 저에게
퇴원을 허락해주셔서 감사합니다.
편안함과 자유로운 시간을 허락해주신 은혜에 감사합니다.
그동안 보이는 모습에만 신경 쓰며 분주하게 살다가
질병을 앓으며 내면을 돌아보게 되었습니다.
늘 높은 곳만 추구하다가
연약한 자신을 통하여 낮은 곳을 보게 하시니 감사합니다.

자비로우신 주님, 비록 내 몸일지라도
내 맘대로 다스릴 수 없음을 깨달았습니다.
아침에 잘 견디다 저녁이 되면 쇠약해지는 모습에서
내가 풀과 꽃처럼 시드는 연약한 존재임을 알게 되었습니다.

긍휼하신 주님, 나의 나 됨이 하나님의 은혜였음을 고백합니다.

주의 크신 긍휼과 은총으로 다시 세우사

주의 사명을 감당하는 몸이 되게 하옵소서.

저에게도 사마리아인이 강도 만난 자의 상처에 부었던

그 기름을 바르사, 모든 상처가 온전히 회복되어

이전보다 더 강건한 은혜가 흐르게 하옵소서.

우리 주 예수 그리스도의 이름으로 기도합니다. 아멘.

이승복 목사 ㅣ 관저중앙교회

66

내가 물로 네 피를 씻어 없애고

네게 기름을 바르고

겔 16:9

99

위독한 가족을 위한 기도
생명의 약속을 **기억합니다**

생명의 주인이신 하나님,

주님은 믿음의 자녀들이 고통 가운데 부르짖을 때

귀 기울여 들어주셨습니다.

세상의 광풍을 만나 넘어질 때

안아 주시고 일으켜 세워주셨습니다.

위기의 파도에 휩쓸려 숨조차 쉴 수 없을 때

물결을 잔잔히 하셔서 새로운 생명을 허락하셨습니다.

하나님, 지금 무거운 질병의 벽 앞에서 위태로운

이 생명을 붙잡아주시길 원합니다.

깊으신 사랑으로 한 번 더 삶의 기회를 주시길 간구합니다.

애타는 가족의 마음을 돌아보시고 은총을 내려주옵소서.

하나님, 뜻하신 다른 계획이 있으시면

이 귀한 영혼을 구원하여
영원한 소망의 항구로 인도해주옵소서.
사랑하는 우리 가족에게도 믿음 주시고
마음의 눈을 여사 생명의 약속을 기억하게 하옵소서.
사랑의 근원이신 예수님의 이름으로 기도합니다. 아멘.

그들이 그들의 고통 때문에 여호와께 부르짖으매
그가 그들의 고통에서 그들을 인도하여 내시고
광풍을 고요하게 하사 물결도 잔잔하게 하시는도다
그들이 평온함으로 말미암아 기뻐하는 중에
여호와께서 그들이 바라는 항구로
인도하시는도다. 시 107:28~30

유산한 가정의 기도

위로자 하나님

연약한 자에게 힘이 되시고
고통받는 자에게 위로자 되시는 하나님,
유산의 고통을 겪은 ○○○이(가)
하나님을 바라보고 평안을 구합니다.
실망과 슬픔 가운데 있사오니 긍휼을 베푸셔서
자비하신 주님의 음성을 듣고
다시 일어설 힘과 지혜를 얻게 하옵소서.

온전한 믿음으로 주님의 사랑 안에 몸을 맡깁니다.
한없이 나약해질 수 있는 이때,
실족하지 않게 붙들어주시고 보호해주옵소서.
고통스러운 이 시간을 통하여
살아 계신 하나님의 사랑을 체험하게 하시고
하나님이 생명의 주관자 되심을 기억하게 하옵소서.

주님을 더욱 사랑하며 나아갑니다.

주님만을 의지합니다.

생명을 잉태한 사람의 축복을 받아

주님의 뜻과 말씀을 이루어 드리는

하나님의 자녀 되기를 원합니다.

새 일을 행하여 주옵소서.

예수님의 이름으로 기도합니다. 아멘.

"

찬송하리로다 그는 우리 주 예수 그리스도의
하나님이시요 자비의 아버지시요
모든 위로의 하나님이시며
우리의 모든 환난 중에서 우리를 위로하사
우리로 하여금 하나님께 받는 위로로써
모든 환난 중에 있는 자들을 능히 위로하게 하시는
이시로다. 고후 1:3~4

"

말씀에 순종하는 가정

우리 부부를 맺어주시고 지금까지 인도하신 하나님, 감사합니다.

서로 다른 두 사람이 한 몸을 이룬다는 것이

진실로 하나님의 은혜임을 고백합니다.

하나님께서 하나 되게 하셨기에

사랑을 배우고, 용서를 배우고, 진정한 연합을 배웁니다.

앞으로 더욱 사랑하기를 힘써

우리 가운데 하나님 나라를 완성하게 하옵소서.

맺어주신 날을 기념하여 우리 가정이

주님의 말씀으로 더욱 견고해지기를 원합니다.

하나님의 말씀이 가정의 기준이 되게 하옵소서.

말씀으로 늘 깨닫게 하시고

그 말씀에 순종하는 가정 되게 하옵소서.

주님의 말씀을 통해 하나님의 정의가 물같이

공의가 마르지 않는 강같이 흐르는 가정 되게 하옵소서.

또한 기도의 세 겹 줄이 끊어지지 않기를 원합니다.
서로를 위해 할 수 있는 가장 위대한 일은
기도밖에 없다는 것을 깨닫습니다.
작은 신음에도 응답하시는 하나님,
서로를 향한 중보에 늘 응답해주시고
기도를 통해 성령의 일하심을 경험하는 가정 되게 하옵소서.

앞으로도 하나님께서 우리 가정을 통해 하실 일들을 기대합니다.
하나 되게 하신 하나님께 감사드리며
예수님의 이름으로 기도합니다. 아멘.

66
한 사람이면 패하겠거니와 두 사람이면 맞설 수
있나니 세 겹 줄은 쉽게 끊어지지 아니하느니라.
전 4:12
99

결혼 1주년 지혼식 감사기도

사랑이 가득한 가정

사랑의 하나님, 결혼 1주년을 맞이하며

주님께 감사함으로 영광과 찬송을 올려드립니다.

지난 1년 동안 둘이 한 몸 되어

새로운 가정을 이루게 해주셔서 감사합니다.

아직 완전하지 못하고 서툴지만

한 가정의 아내로 또 남편으로 살게 해주셔서 감사합니다.

사랑의 하나님을 본받아

우리 부부가 더욱 이해하며 사랑하게 하옵소서.

낮아지신 주님을 본받아

서로 자기보다 상대방을 귀하게 여기며 섬기게 하옵소서.

서로 다른 모습을 인정하며

사랑으로 보듬고 감싸며 기도하게 하옵소서.

모든 것을 참으며, 모든 것을 믿으며, 모든 것을 바라며,

모든 것을 견디며 서로 사랑하게 하옵소서.

그래서 주님이 우리를 보실 때 "좋았더라"

선포해주시는 부부가 되게 하옵소서.

하나님, 주님의 평안과 위로가 우리 안에 있게 하옵소서.

세상이 줄 수 없고 흉내 낼 수 없는 평화로

우리 가정을 가득 채워주옵소서.

환란과 풍파 많은 세상에서 언제나 주님만 바라보게 하시고

참된 자유를 누리게 하옵소서.

우리 주 예수 그리스도의 이름으로 기도합니다. 아멘.

"

모든 것을 참으며 모든 것을 믿으며

모든 것을 바라며 모든 것을 견디느니라.

고전 13:7

"

믿음과 사랑으로

언제나 변함없이 사랑하시는 주님,
저희를 부부로 맺어주시고
아름다운 가정을 세우게 하시니 감사합니다.

우리 두 사람, 우여곡절이 담긴 긴 세월 동안
변함없는 믿음으로 주님을 섬기게 하시고,
서로 사랑하며 가정을 위해 함께 수고함으로
은혼식이라는 좋은 상을 얻게 하시니 감사합니다.

때로는 불안한 상황과 고통과 아픔도 있었습니다.
그런데 돌이켜보니 주님은 언제나 우리 손을 꼭 잡고 계셨고
모든 것이 주님의 은혜였습니다.
사도 바울의 "오늘 나의 나 된 것은 오직 하나님의 은혜"라는
고백이 우리가 해야 할 고백의 전부임을 알게 되었습니다.

25년을 살며 갈등과 다툼도 있었지만

험한 세상에서 서로 깊이 신뢰하고, 돕는 배필로,

가장 친근한 친구로, 동역자로, 상담자로 살았습니다.

천사와 같은 아내(남편)를 내 인생에 선물로 주셔서

나의 능력보다 더 풍성한 삶을 살게 하신 주님,

앞으로 금혼식을 맞이해 주님 앞에 더 큰 감사로 영광 돌릴 때까지

건강과 충만한 은혜로 축복하여 주옵소서.

우리를 변함없이 사랑하시고, 합력하여 선을 이루시는

예수 그리스도의 이름으로 기도합니다. 아멘.

66
두 사람이 한 사람보다 나음은
그들이 수고함으로 좋은 상을 얻을 것임이라
혹시 그들이 넘어지면 하나가 그 동무를 붙들어
일으키려니와 홀로 있어 넘어지고 붙들어 일으킬
자가 없는 자에게는 화가 있으리라.
전 4:9~10
99

모든 순간이 은혜입니다

사랑의 하나님,

많은 사람 가운데 저희를 부부로 맺어주시고

결혼 50주년을 맞이하게 인도하시니 감사합니다.

하나님 앞에서 서로 서약하여 한 가정을 이룬 지 50년이 되었습니다.

지나온 날을 돌아볼 때 주님께서 모든 일마다 순간마다

은혜로 함께하셨음을 고백합니다.

하나님, 저희 두 사람 영적 동반자로 살면서

함께 하나님을 섬기고 신앙의 가정을 이루었습니다.

어렵고 힘든 순간도 많았지만 믿음으로 이기게 하시고

모든 것이 합력하여 선을 이루게 하시니

진심으로 감사드립니다.

하나님, 저희에게 남은 날 동안

하나님을 더욱 사랑하고

서로 보듬으며 살겠습니다.

하나님의 부르심을 받는 그날까지 강건하게 하셔서

예배하며 더욱 헌신하게 하옵소서.

저희를 부활 신앙으로 굳건히 세워주셔서

세상의 염려와 두려움에 흔들리지 않게 하옵소서.

자녀들에게도 은혜 주셔서 굳건한 믿음으로 인도하옵소서.

우리를 은혜로 인도하시는 예수님의 이름으로 기도합니다. 아멘.

"

사랑은 오래 참고 사랑은 온유하며
시기하지 아니하며
사랑은 자랑하지 아니하며 교만하지 아니하며
모든 것을 참으며 모든 것을 믿으며
모든 것을 바라며 모든 것을 견디느니라.
고전 13:4, 7

"

아픔을 영광으로, 흐느낌을 찬양으로

슬픔 당한 자의 위로자 되시는 하나님,
시간의 흐름과 함께 그리움도 옅어질 줄 알았습니다.
세월이 약이라는 말을 믿고 싶었습니다.
그러나 시간이 지날수록 그리움은 커져만 가고
견디기 힘든 마음에 때론 소리 내어 울거나
목 놓아 외치고픈 충동을 느끼곤 합니다.

사랑하는 이가 하나님의 곁으로 간 지 이제 ○○일,
아직도 그의 죽음이 실감나지 않습니다.
하루에도 몇 번씩 그가 앉아 있던 의자를 넋 놓고 바라보고,
불쑥 문을 열고 들어올 것 같아 방문을 잠그지 못합니다.
같은 일을 당한 친구에겐 의연하라고 다독였지만
정작 제 자신은 너무 쉽게 무너져 버리고 맙니다.

이토록 약한 저를 붙잡아 주옵소서.

십자가에 달려 죽으신 주님 없이는 하루도 견딜 수 없사오니

날마다 무너지는 저를 일으켜 세워 주옵소서.

이 아픔을 영광으로, 이 흐느낌을 찬양으로 승화시킬 때까지

부디 저를 떠나지 말아 주옵소서.

예수님의 이름으로 기도합니다. 아멘.

> 내가 음식 먹기도 잊었으므로 내 마음이 풀 같이
> 시들고 말라 버렸사오며 나의 탄식 소리로
> 말미암아 나의 살이 뼈에 붙었나이다
> 나는 광야의 올빼미 같고 황폐한 곳의 부엉이 같이
> 되었사오며 내가 밤을 새우니 지붕 위의 외로운
> 참새 같으니이다. 시 102:4~7

고통 뒤에서 주님을 다시 생각합니다

우리 자신보다 우리를 사랑하시는 하나님,

슬픔이 채 가시지 않았지만 주님을 바라보게 하시고

또 기도하게 하심에 감사드립니다.

○○○이 하나님 나라로 떠난 뒤,

포탄이 가슴 한가운데를 뚫고 지나간 것 같은 허무함을 느낍니다.

입가엔 미소가, 주위엔 웃음이 사라진 지 오랩니다.

견디기 힘든 상실감에 빠져 있을 때,

겟세마네 동산에서 밤새워 기도하시던 주님을 기억합니다.

그 외롭고 고독한 밤을, 그 깊디깊은 서러운 밤을

어떻게 견디셨습니까?

인류의 구원을 위해 고통을 참아내고 이기신 주님을,

제가 고통을 겪고 나서야 다시 생각해봅니다.

이 허적함을 이길 힘은 주님밖에 없음을 고백합니다.

무너지는 저를 붙잡아 주옵소서.

땅만 쳐다보고 슬퍼하지 않게 하시고

주님 계신 영원한 천국을 바라보며

오늘 하루도 승리하게 하옵소서.

영원한 주님 나라에서 사랑하는 이를 다시 만날 때까지

이 걸음이 흐트러지지 않게 도와주옵소서.

예수님의 이름으로 기도합니다. 아멘.

> 내 하나님이여 내 하나님이여 어찌 나를 버리셨나이까
> 어찌 나를 멀리 하여 돕지 아니하시오며
> 내 신음 소리를 듣지 아니하시나이까
> 나는 물 같이 쏟아졌으며 내 모든 뼈는 어그러졌으며
> 내 마음은 밀랍 같아서 내 속에서 녹았으며
> 내 힘이 말라 질그릇 조각 같고 내 혀가 입천장에
> 붙었나이다 주께서 또 나를 죽음의 진토 속에
> 두셨나이다. 시 22:1, 14~15

천국 소망

우리의 궁극적인 목적이 되시는 하나님,
숨이 끊어질 것 같던 슬픔도 견디고
기도하게 하시니 감사합니다.
상처에 소독약을 붓듯, 상실감의 상처를 씻어내고
새살이 돋게 하셔서 아픔을 딛고 더 단단해지게 하옵소서.
기운을 내서 일어나게 하옵소서.

사람이 세상을 떠날 때 필요한 세 가지는,
믿음과 선행, 추억이라고 들었습니다.
고인이 세상에 머물 때 믿음으로 구원받게 하심에 감사합니다.
선행을 베풀게 하심도 감사합니다.
○○년 동안 아름다운 추억을 함께 남기게 하심에 감사합니다.
이 황홀한 추억을 소중히 간직하고
천국에서 다시 만날 날을 기약하며 아픔을 이기게 하옵소서.

사랑의 하나님, 다윗 왕의 고백처럼 "나는 그에게로 가려니와

그는 내게로 돌아오지 아니하리니(삼하 12:23)"

이제 눈을 들어 주님 계신 천국을 바라보고

그곳에 소망을 두고 살겠습니다.

주님 품 안에서 하루하루 승리하며 살다가

주님이 부르시는 날, 기쁨으로 달려가게 하옵소서.

예수님의 이름으로 기도합니다. 아멘.

"

다시 저주가 없으며 하나님과 그 어린 양의

보좌가 그 가운데에 있으리니 그의 종들이

그를 섬기며 그의 얼굴을 볼 터이요

그의 이름도 그들의 이마에 있으리라.

계 22:3~4

"

가정사를 위한 기도

날마다 하나님의

거룩한 임재를

경험하게 하옵소서.

하나님과 동행하는 복된 가정

천지를 지으신 하나님,
새해를 맞아 세상 만물을 주관하시는 하나님께
영광과 존귀와 경배와 찬양을 드립니다.
갈 바를 알지 못하고 나아갔던 아브라함같이
한 치 앞을 모르는 저희가 새해를 맞이하여
주의 자비와 긍휼하심을 간구합니다.
지난 한 해 동안 보호하시고 인도하셨던 하나님,
올해도 주의 자비와 사랑으로 인도하여 주옵소서.

새해에는 지난해보다 더 나은 믿음과 더 나은 행실로
하나님을 기쁘시게 하는 가정이 되기를 소원합니다.
주님, 저희를 도와주옵소서.
저희가 믿음이 적고 연약하여 넘어질 때
저희를 내버려 두지 마시고 깨우쳐 주시며

저희가 자복하고 회개할 때
십자가의 보혈로 저희 죄를 사하여 주옵소서.

새해에도 일용할 양식이 끊이지 않게 하시고
평탄한 길로 인도하시며
어려운 일을 만날 때 이길 힘과 지혜를 주옵소서.
어떤 상황에서도 저희 가정이 하나님만 바라보며
하나님과 동행하는 복된 가정 되게 축복하옵소서.
우리 주 예수 그리스도의 이름으로 기도합니다. 아멘.

김영순 목사 ― 제자교회

66
주의 은택으로 한 해를 관 씌우시니
주의 길에는 기름 방울이 떨어지며
들의 초장에도 떨어지니 작은 산들이
기쁨으로 띠를 띠었나이다.
시 65:11~12
99

죽음도 두려워하지 않는 신앙

사랑의 하나님,
오늘 묘소에 와서 성묘예식을 행하게 하심을 감사드립니다.
슬픔을 당한 저희를 지금까지 인도해주셨듯이
앞으로도 굳건한 믿음과 소망으로 인도해주옵소서.
오늘 성묘를 통하여 주님의 사랑을 힘입게 하옵소서.
주님이 함께하심을 깨닫게 하옵소서.

우리에게 남은 삶을 하나님 안에서 더욱 신실하게,
더욱 거룩하게, 더욱 사랑하며 살게 하옵소서.
하나님을 사랑하고 이웃을 사랑하는 삶이 어떤 것인지
보여 주며 살게 하옵소서.
지금 눈에 보이고 손에 잡히는 것이 전부가 아님을 알게 하옵소서.
우리 삶의 목적이, 예수 그리스도와 하나 되어
주님이 드러내신 하나님 나라를 위해 사는 것이 되게 하옵소서.

영원한 하나님 나라를 바라고 기대하며 사는 사람답게
이 땅에서 어떤 고난과 질병과 장애와 아픔이 있을지라도
우리에게 주신 거룩한 하나님의 형상을 지키며
생을 다하는 날까지 살아가게 하옵소서.
죽음도 두려워하지 않는 참된 신앙에 이르게 하옵소서.
예수님의 이름으로 기도합니다. 아멘.

66
예수께서 이르시되 나는 부활이요 생명이니
나를 믿는 자는 죽어도 살겠고
무릇 살아서 나를 믿는 자는
영원히 죽지 아니하리니 이것을 네가 믿느냐.
요 11:25~26
99

추도일 기도
천국을 맛보는 삶

인간의 생사화복을 주관하시며 모든 인생의 주인 되시는 하나님,
기일을 맞이하여 가족들이 모여 고인을 추모하며
함께 기도를 드립니다.
고인을 그리워하며 추모하기 위해 모인 저희에게
하나님의 위로와 평강을 내려주옵소서.

이 시간 고인의 유지를 다시 생각하고
아름다운 추억들을 기억하며
건강하고 화목한 가정을 이루게 하옵소서.
불확실하고 불안한 시대에
우리를 구원하시려 이 땅에 오신 예수님을 믿으며
예수님의 말씀을 따라 살게 하옵소서.

하나님, 세상의 헛된 영화를 꿈꾸지 않게 하시고

이 땅에서부터 날마다 천국의 기쁨을 맛보고
천국을 대망하면서 승리하는 삶을 살아가도록
인도하여 주옵소서.
예수 그리스도의 거룩하신 이름으로 기도합니다. 아멘.

66
예수께서 이르시되 나는 부활이요 생명이니
나를 믿는 자는 죽어도 살겠고
무릇 살아서 나를 믿는 자는
영원히 죽지 아니하리니 이것을 네가 믿느냐.
요 11:25~26
99

고통도 슬픔도 없는 영원한 천국

생명의 주인 되시는 하나님,
오늘 이 시간 사랑하는 우리 ○○의 영혼을
주님께 맡깁니다.
하나님이 품에 안아 주사
고통도 슬픔도 없는 영원한 천국에서
평안과 기쁨을 누리게 하옵소서.

육신은 흙에서 왔기에
흙으로 돌려보내기 위해 화장 예식을 진행합니다.
썩어질 육신을 심어 썩지 아니할 신령한 몸으로
다시 살아나게 하시는 하나님을 믿습니다.
마지막 때에 하나님의 나팔 소리와 함께 예수님이 재림하실 때
주님을 믿는 우리는 신령한 몸으로 부활할 것을 믿기에
○○의 몸을 자연으로 돌려보냅니다.

우리도 언젠가는 인생의 마지막을 맞게 될 터인데
그때를 믿음으로 잘 준비하게 하시고,
사랑하는 ○○과(와) 천국에서 기쁨으로 재회하도록
최선을 다해 믿음의 길을 걸어가게 하옵소서.
주님 곁에서 우리 가족을 지켜보며 기도하고 있을
○○을(를) 생각하며 부모님을 공경하고
형제간에 우애 있게 살아가게 하옵소서.
부활의 첫 열매가 되셔서
마지막 때에 믿는 자들을 신령한 몸으로 살아나게 하실
우리 주 예수 그리스도의 이름으로 기도합니다. 아멘.

> 죽은 자의 부활도 그와 같으니
> 썩을 것으로 심고 썩지 아니할 것으로
> 다시 살아나며
> 고전 15:42

하나님의 질서를 **따라갑니다**

생명을 다스리시는 하나님 아버지,
오늘 이장을 위해 모든 준비를 하고 머리 숙여 기도합니다.
이 모든 과정 가운데 함께하옵소서.
세상 모든 일이 하나님의 통치 속에 있음을 알게 하옵소서.

땅이 변하고 계절이 변하는 것처럼
상황과 형편에 따라 파묘를 하고 이장을 하게 되었습니다.
흙으로 돌아간 인생이 육신에 머물지 않게 하시는
하나님의 질서를 따라가는 과정이 되게 하옵소서.
새로운 곳으로 이장하는 모든 절차를 다스려주옵소서.

인생은 하늘나라를 향하는 순례자의 길임을 알게 하옵소서.
생사고락을 넘어 하나님의 은혜로 사는 것을
소망하는 시간이 되게 하옵소서.

세상에 머물지 않고
하늘나라를 이 땅에서도 살고 있음을
체험하는 시간이 되게 하옵소서.
예수님의 이름으로 기도합니다. 아멘.

"
보라 내가 너희에게 비밀을 말하노니
우리가 다 잠 잘 것이 아니요
마지막 나팔에 순식간에 홀연히 다 변화되리니
나팔 소리가 나매 죽은 자들이 썩지 아니할
것으로 다시 살아나고 우리도 변화되리라.
고전 15:51~52
"

하나님께서 허락해주신 집

우리의 영원한 거처(居處) 되시는 하나님,
저희 가정에 삶의 거처인 새로운 장막을 허락하시고
입주하기까지 인도하시니 감사드립니다.

오늘 하나님께서 허락해주신 이 집에서 첫 감사예배를 드립니다.
이 장막이 임마누엘의 장소가 되게 하시고
거룩하신 하나님의 얼굴을 보는 성소가 되게 하옵소서.
아브라함이 가는 곳마다 제단을 쌓으며 예배드린 것처럼
오늘 우리 가족도 이곳, 새로운 터전에서
하나님께 감사기도를 드립니다.

하나님, 우리 가정이 이곳에 사는 동안 주 안에 거하게 하시며
날마다 하나님의 거룩한 임재를 경험하게 하옵소서.
모이면 함께 예배하고 서로 격려하며 사랑하는

화목의 자리가 되게 하옵소서.

가족 한 사람 한 사람이 치유받는 장소가 되게 하시고

고난이 닥쳐와도 기도하며 이기는

승리의 터전이 되게 하옵소서.

우리 가족의 낮과 밤을 주관하셔서

온전한 쉼을 누리고 평안한 잠을 자게 하옵소서.

영원히 우리 안에 거하시는

예수 그리스도의 이름으로 기도합니다. 아멘.

"

주여 주는 대대에 우리의 거처가 되셨나이다
산이 생기기 전, 땅과 세계도 주께서
조성하시기 전 곧 영원부터 영원까지
주는 하나님이시니이다. 시 90:1~2

"

주님이 운영하시는 기업

복의 근원이신 하나님,

오늘 믿음의 기업, ○○○을(를) 개업하게 하셔서 감사합니다.

○○○이(가) 늘 주님의 영의 감동 가운데 있기를 소원합니다.

이 상호를 기억하는 이들뿐만 아니라 모든 이에게

존귀하게 여겨지기를 원합니다.

주님, ○○○이(가) 주의 영광을 드러내고

사람들에게 소망을 주고 신뢰를 주는 역할을 하여

아름다운 명예를 얻게 하옵소서.

때로 세상의 물질과 사람과 아이디어의 부재로

어려움을 겪을지라도

하나님께 영광을 돌리려는 이 기업을 위하여

무릎 꿇고 은혜를 간구할 때, 하늘 문이 열리게 하옵소서.

각종 어려움은 일곱 길로 도망갈 정도로

주의 능력과 권세와 영광이 충만케 하옵소서.

특별히 복을 넘치도록 내려주셔서 주님이 운영하시는 기업,
주님이 보장하시는 기업이라는 소문이 나게 하옵소서.
주님의 영광을 드러내고자 하는 선한 일로 쓰임 받게 하시고
모든 면에서 주님이 기뻐하시는 기업으로 삼아 주옵소서.
예수님의 이름으로 기도합니다. 아멘.

"

바로와 그의 모든 신하가 이 일을 좋게 여긴지라
바로가 그의 신하들에게 이르되
이와 같이 하나님의 영에 감동된 사람을 우리가
어찌 찾을 수 있으리요 하고 요셉에게 이르되
하나님이 이 모든 것을 네게 보이셨으니
너와 같이 명철하고 지혜 있는 자가 없도다.
창 41:37~39

"

건축 기공 감사기도
하나님의 도우심으로

우리의 반석이 되시고 머릿돌이 되시는 주님,
우리가 ○○○을(를) 건축할 수 있도록 은혜 주심을
감사드립니다.
모든 공사를 우리의 반석 되신 예수 그리스도께서
시작하신 줄로 믿사오니
완공되었을 때도 하나님께 먼저 영광 돌리기를 원합니다.

하나님의 도우심으로 공사가 진행되는 동안 안전을 책임져주시고
설계와 목적에 맞게 바르게 세워지게 하옵소서.
공사하는 동안 영권과 물권과 인권을 허락하사
부족함이 없도록 채워지게 하시고
참여하는 모든 이들이 하나님의 놀라운 도우심을
체험하게 하옵소서.

성막을 지을 때 감독하였던 브살렐과 오홀리압에게 주셨던

지혜가 이 공사를 진행하는 이들에게 임하게 하옵소서.

또한 ○○○이 완공되면 이곳에서

하나님의 사랑과 복음 전파의 사명이 시작되어

하나님께 영광 돌리게 하옵소서.

예수님의 이름으로 기도합니다. 아멘.

"
여호와께서 집을 세우지 아니하시면
세우는 자의 수고가 헛되며
여호와께서 성을 지키지 아니하시면
파수꾼의 깨어 있음이 헛되도다.
시 127:1
"

토지(농지) 매입 감사기도

삶의 지경을 넓혀 주신 은혜

자비의 하나님, 구원의 은혜를 찬양하며 영광을 돌립니다.

내가 구원받아 하나님의 자녀가 된 것은

전적인 주님의 은혜입니다.

그러나 주님의 은혜에 감사하며 살지 못했습니다.

회개하오니 우리의 허물을 사해 주옵소서.

범사에 감사하며 주님의 참된 자녀로 살게 하옵소서.

저희 가정을 사랑하셔서

토지를 매입하여 대지(농지)로 삼게 하심을 감사드립니다.

지금껏 성실하게 살게 하시고

이렇게 삶의 지경까지 넓혀 주신 은혜에 감사드립니다.

온유한 자에게 주시는 하나님의 복으로 받게 하시고,

더욱 믿음으로 살게 하옵소서.

주님, 땅은 영원토록 하나님의 것임을 고백합니다.

그러나 잠시 사는 날 동안 우리에게

관리할 수 있는 귀한 권한을 주시니 감사드립니다.

허락하신 땅을 주의 계획대로 선하게 사용하게 하옵소서.

이 땅 위에 흔들리지 않는 하나님의 터전을 세우게 하옵소서.

이 땅에서 애쓰고 수고한 열매를 거두게 하실 것을 믿으며

살아 계신 예수 그리스도의 이름으로 기도합니다. 아멘.

"
온유한 자는 복이 있나니
그들이 땅을 기업으로 받을 것임이요.
마 5:5
"

가정 예식서

가족 간의 사랑이

더욱 뜨거워지게

하옵소서.

돌 감사 예식

예식사

지금부터 첫 돌 감사 예식을 시작하겠습니다.

묵도

"예수는 지혜와 키가 자라가며 하나님과 사람에게 더욱 사랑스러워 가시더라."(눅 2:52)

찬송 / 430장 주와 같이 길 가는 것

기도

○○을(를) 우리 가정에 가장 귀한 선물로 보내주신 하나님, 진심으로 감사드립니다. 이 시간 ○○을(를) 위하여 기도합니다. ○○은(는) 우리에게 잠시 맡겨주신 하나님의 자녀입니다. 그러므로 우리가 ○○의 주인이 아

니라 하나님께서 주인이심을 고백합니다. 하나님께서 ○○이(가) 자라는 동안 모든 삶을 지켜주옵소서.

　아프지 않고, 마음의 상처 없이 건강하게, 하나님 보시기에 심히 좋은 모습으로 자라기를 소망합니다. 늘 밝은 얼굴로, 온화한 성품으로 자라게 하옵소서. 그러기 위해 우리 가족이 화평한 가정을 이루어야 하겠습니다. 가정이 따뜻한 보금자리가 되게 하시고, 서로 사랑하며 섬기게 하옵소서. 주님의 인도하심을 믿으며 예수님의 이름으로 기도합니다. 아멘.

성경 / 이사야 58:11

말씀 선포

오늘은 ○○의 첫 번째 생일입니다. 귀한 ○○을(를) 우리에게 보내주시고, 지난 1년 동안 지켜주신 하나님께 감사와 영광을 올려드립니다.

　○○의 돌을 맞이하여 오늘 저는 선포합니다. ○○은(는) 나의 자녀가 아니라 하나님의 자녀입니다. 그래서 ○○을(를) 내 뜻대로 키우겠다는 생각을 내려놓습니다. ○○을(를) 사무엘 같은 나실인처럼 거룩하게 구별된 하나님의 자녀로 키우겠습니다. 쉽지 않은 일임을 알지만, ○○의 주인은 하나님이시기에 하나님께서 지켜주시고, 항상 인도해주실 것을 믿습니다.

　살다 보면 좋은 땅만 걷는 것이 아니라 나쁜 땅을 걷기도 합니다. 이스라엘 백성은 40년 동안 광야를 걸었습니다. 그러나 하나님은 그들의 발이

붓지 않게 하셨고, 옷이 해지지 않게 하셨습니다. 하나님은 마른 곳에서도 영혼을 만족시키고, 뼈를 견고하게 하십니다. 하나님이 ○○의 삶을 이렇게 인도해주실 줄 믿습니다.

마른 땅을 지나면 반드시 물댄 동산 같고 끊어지지 않는 샘같이 되게 하신다고 말씀하십니다. 물댄 동산은 마르지 않는 샘이 있는 동산입니다. 이 샘에 많은 동물이 와서 물을 마시고, 갈증을 해소합니다. 하나님께서 우리 ○○에게 주의 영을 부어주시고, 주의 성품을 닮아가게 하시면 어느 곳에 있든지 많은 사람에게 사랑받고, 많은 사람에게 기쁨을 주는 삶이 될 것입니다. 우리 ○○이(가) 이런 사람이 되기를 소망하고 축복합니다.

축복의 시간
모든 가족이 한 마디씩 축복의 말을 해준다. 아빠나 엄마가 ○○을(를) 위한 축복 편지를 써서 읽어준다.

찬송 / 564장 예수께서 오실 때에

폐회 / 주님의 기도

납골 예식

예식사

지금부터 ○○○의 유골을 이곳에 안치하는 예식을 시작하겠습니다.

묵도

"예수를 죽은 자 가운데서 살리신 이의 영이 너희 안에 거하시면 그리스도 예수를 죽은 자 가운데서 살리신 이가 너희 안에 거하시는 그의 영으로 말미암아 너희 죽을 몸도 살리시리라."(롬 8:11)

찬송 / 491장 저 높은 곳을 향하여

기도

인간의 생사화복을 주관하시는 전능하신 하나님, 이제 ○○○의 유골을 이곳에 안치하고자 합니다. 장례의 모든 절차가 주님 안에서 잘 이루어지

게 하시고, 우리 가족 모두 영원한 부활의 소망으로 위로와 힘을 얻는 시간
되게 하옵소서. 주 예수 그리스도의 이름으로 기도합니다. 아멘.

성경 / 고린도전서 15:42~44

말씀 선포

고린도전서 15장은 '부활장'으로 예수 그리스도의 부활, 죽은 사람의 부활,
그리고 몸의 부활을 말씀합니다. 특별히 우리가 함께 본 말씀은 몸의 부활
을 증언합니다. 우리는 지금 사랑하는 ○○○의 모습이 생전 모습이 아니
어서 마음이 아픕니다.

그러나 이 모습이 끝이 아니기에 우리에게는 소망이 있습니다. 영광의
그날, 오늘 말씀처럼 사랑하는 ○○○은(는) 썩지 아니할 것으로 다시 살
아나고, 영광스러운 것으로 다시 살아나며, 강한 것으로 다시 살아나고,
신령한 몸으로 다시 살아날 줄 믿습니다.

그렇기에 우리 가족 모두 부활의 소망을 가져야 합니다. 왜냐하면 우
리는 주님의 나라에서 기쁨으로 다시 만날 것이기 때문입니다. 그러기 위
해서는 예수님을 잘 믿고 하나님 보시기에 부끄럽지 않게 살아야 합니다.

우리는 오늘 슬픔을 부활의 소망으로 이기고 하나님께 잘했다 칭찬 듣
는 삶을 살아야 합니다. 우리의 위로자가 되시는 성령님과 함께 다시 일어
서기를 소망합니다.

기도 / 가족 중에서

영생과 부활의 주님, 모든 장례를 은혜 가운데 마치게 하심을 감사드립니다. 우리의 육체는 연약하여 흙에서 나와 흙으로 돌아가지만, 주님께서 이 세상에 다시 오실 때에 영화로운 몸으로 부활할 것을 믿고 감사드립니다.

사랑하는 ○○○을(를) 이 땅에서 다시 만날 수 없다는 아픔과 슬픔이 있지만, 우리 가족 모두 부활의 소망을 가지고 믿음으로 살게 하시고, 부활의 영광 가운데 하늘나라의 유업을 함께 받게 하옵소서. 부활의 첫 열매 되신 우리 주 예수 그리스도의 이름으로 기도합니다. 아멘.

찬송 / 480장 천국에서 만나보자

폐회 / 주님의 기도

예식사

오늘은 ○○○ 님의 장례식을 은혜 가운데 마치고 첫 성묘를 드리는 날입니다. 지금부터 첫 성묘 예식을 진행하겠습니다.

묵도

"그의 경건한 자들의 죽음은 여호와께서 보시기에 귀중한 것이로다."(시 116:15)

찬송 / 488장 이 몸의 소망 무언가

기도

생명의 근원이 되시는 하나님, ○○○ 님의 장례식을 은혜 가운데 마치고 첫 성묘 예배를 드리게 인도해주시니 감사드립니다. 성도의 죽음은 구원의 완성이기에 여호와께서 보시기에 귀중하다고 말씀하셨습니다. 고인이 예수님 안에서 구원받고 하나님의 부르심을 받았기에 이 시간 하나님 나라에서 영원한 안식을 누리는 줄 믿습니다. 우리도 이 땅에서 예수님을 믿고 영접함으로 하나님 나라를 누리게 하시고, 하나님의 부름을 받아 이 세상을 떠나는 날 영원한 하나님 나라의 주인공으로 세워지게 하옵소서.

특별히 사랑하는 고인을 떠나보내며 이 땅에서 다시 만날 수 없음을 슬퍼하는 저희에게 다시 한번 하늘의 위로가 있게 하시고 영원한 하나님 나라에서 다시 만날 소망으로 살게 하옵소서. 또한 우리가 고인이 살았을 때보다 더욱 마음과 뜻과 힘을 다하여 하나님을 섬기며 소망과 사랑 안에서 살아가는 믿음의 가정이 되게 하옵시고, 가족 간의 사랑이 더욱 뜨거워지게 하옵소서.

우리도 우리의 유한한 생을 마쳤을 때 하나님 나라에서 영접 받게 하옵소서. 예수님의 이름으로 기도합니다. 아멘.

성경 / 시편 23:1~6

말씀 선포

우리 인생은 늘 염려요 걱정이지만 성경은 부족함이 없는 인생을 말씀합니다. 주님이 목자 되시는 인생은 부족함이 없다는 것입니다. 주님이 목자 되시는 인생이 왜 부족함이 없는 인생인지를 본문은 이렇게 말씀합니다.

첫째, 목자 되시는 주님께서 우리를 푸른 풀밭과 쉴 만한 물가로 인도하십니다. 양들에게 푸른 풀밭과 쉴 만한 물가는 부족함이 없는 곳이지만, 우리에게 푸른 풀밭과 쉴 만한 물가는 예수 그리스도 안에서 누리는 하나님 나라를 말하는 것입니다. 예수 안에서 이 은혜를 우리 모두 누릴 수 있기를 소망합니다.

둘째, 목자 되시는 주님께서 우리를 의의 길로 인도하십니다. 죄인인 인간은 의의 길을 걸을 수 없기에 그 운명이 비참한데, 주님이 우리의 목자가 되어주심으로 우리를 의의 길로 인도하시는 것입니다. 주님의 인도함을 받아 의의 길을 걸으시기 바랍니다.

셋째, 목자 되시는 주님께서 우리를 사망의 음침한 골짜기에서 지키십니다. 우리 인생의 마지막 순간까지 우리와 함께하시는 분은 주님뿐이십니다. 그러기에 우리는 이 땅에서 마지막 죽음의 순간까지 우리의 목자 되시는 주님의 인도하심을 받아야 합니다.

넷째, 목자 되시는 주님께서 우리에게 잔치를 베푸시고 기름을 부으십니다. 이것은 영원한 천국에서 완성될 천국 잔치의 모습이요, 왕 같은 제사장으로 세워지는 모습입니다. 예수 안에서 이 놀라운 축복의 주인공으로 세워지기 바랍니다.

마지막으로, 주님이 우리의 목자가 되실 때 우리는 주님의 선하심과 인자하심의 은혜로 여호와의 집에 영원히 살게 됩니다. 구원의 완성이요 최고의 은혜입니다. 이 은혜를 갈망하며 살아가기를 소망합니다.

기도 / 가족 중에서

찬송 / 570장 주는 나를 기르시는 목자

폐회 / 주님의 기도

기일에 고인의 사진과 꽃을 상 위에 놓고 주위에 둘러앉습니다.

예식사

지금부터 ○○○ 님의 추도식을 시작하겠습니다.

묵도

"오라 우리가 여호와께 노래하며 우리의 구원의 반석을 향하여 즐거이 외치자 우리가 감사함으로 그 앞에 나아가며 시를 지어 즐거이 그를 노래하자."(시 95:1~2)

찬송 / 488장 이 몸의 소망 무언가

기도

사랑과 자비의 하나님, 예수 그리스도의 은혜로 죄와 죽음 가운데 있던 저희를 구원하시어 귀한 자녀로 삼아 주시고 영생과 참된 소망을 허락해주시니 진심으로 감사드립니다.

오늘은 〇〇〇 님의 기일로 사랑하는 고인을 추도하기 위하여 함께 모였습니다. 저희가 드리는 예배를 받아주시고 고인의 깊은 사랑과 은혜를 다시 생각하며 감사하는 시간이 되게 하옵소서. 사람의 일생은 아침에 잠시 있다 사라지는 안개와 같고 육체는 풀과 같아서 자랑할 것 하나 없음을 깨달아 오직 하나님만을 의지하게 하옵소서.

주 안에서 죽은 자의 복을 생각하며 주님이 다시 오실 때, 부활의 영광에 참여할 수 있기를 원합니다. 주 예수 그리스도의 이름으로 기도합니다. 아멘.

성경 / 시편 23:1~6

말씀 선포

사랑하는 고인의 기일을 맞이하여 고인을 추모하고 남겨진 우리에게 주시는 말씀을 나누려고 합니다. 고인을 기억하며 감사하고, 우리의 신앙을 새롭게 하는 시간이 되었으면 합니다.

오늘 본문에는 다윗의 신앙 고백이 소개됩니다. 다윗은 훌륭한 모범이 되는 믿음의 사람입니다. 다윗은 평생 하나님의 인도를 받았습니다. 다윗은 자신의 삶을 통해 하나님을 다음과 같이 증거합니다.

첫째, 필요한 것을 공급하시는 하나님입니다. 양은 순한 동물이지만 목자의 인도를 받아야 살 수 있습니다. 다윗은 평생 하나님의 인도를 받았습니다. 우리도 지혜롭고 강한 것 같지만 어리석고 연약합니다. 목자 되시는 하나님의 인도를 받아야 필요한 것을 공급받아 살 수 있습니다.

둘째, 인생행로에 동행하시는 하나님입니다. 쉴 만한 물가는 어린아이가 혼자 있을 때 위험합니다. 그러나 사망의 음침한 골짜기라도 보호자가 있으면 안전합니다. 다윗은 평생 하나님과 동행하며 주의 보호하심 가운데 살았습니다.

셋째, 영원한 집으로 인도하시는 하나님입니다. 목자가 양의 우리로 양들을 인도하듯이 하나님은 그의 자녀를 영원한 아버지 집으로 인도하십니다. 우리는 하나님 안에서만 영원한 안식을 누릴 수 있습니다.

우리 가정이 하나님만 섬기며 그의 말씀에 따라 살아가는 믿음의 가정이 되기를 소망합니다.

기도 / 가족 중에서
사랑의 하나님, 우리 가정이 믿음으로 바로 서서 하나님의 말씀을 따라 살아가게 하옵소서. 주의 사랑 안에서 화목하며 부모의 사랑과 은혜에 감사하게 하옵소서. 예수 그리스도의 이름으로 기도합니다. 아멘.

찬송 / 570장 주는 나를 기르시는 목자

폐회 / 주님의 기도

예식사

지금부터 설 가정 예배를 시작하겠습니다.

찬송 / 393장 오 신실하신 주

기도

사랑이 충만하신 하나님, 설 명절을 맞아 하나님께 예배드리게 해주셔서 감사합니다. 우리 영과 마음을 새롭게 하여 소망하는 모든 일에 힘을 얻게 하시고 땀 흘려 수고한 것에 결실을 주시어 기쁨과 복이 되게 해주옵소서. 여러 가지로 어려운 시절이지만 이 어려움이 오히려 주님만 생각하며 하나님만 의지하는 계기가 되게 하시고, 주어진 삶의 영역 안에서 최선을 다하게 하옵소서. 그래서 소망을 이루고 후회 없는 한 해를 살게 하옵소서. 이를 위해 지금부터 오직 말씀, 오직 기도로 서게 하옵소서. 그리고 주시는 말씀 따라 새로운 삶을 살아 약속을 허락받는 저희가 되게 하옵소서. 예수님의 이름으로 기도합니다. 아멘.

성경 / 시편 37:4~6

말씀 선포

새해란 시간은 하나님께서 우리 모두에게 주신 위대한 선물입니다. 이 시간을 지혜롭게 사용하면 놀라운 성공과 행복, 보람을 창조하지만 잘못 사용하면 낭패와 실망과 불행을 초래합니다. 우리 모두 올 한 해를 지혜롭고 성실하게 살아야 합니다.

첫째, 염려를 다 주님께 맡기고 살아야 합니다. 베드로전서 5장 7절에 "너희 염려를 다 주께 맡기라 이는 그가 너희를 돌보심이라."라고 말씀하셨습니다. 염려와 근심에 짓눌려 평화와 기쁨을 잃어버리면 우리는 결코 행복하고 보람된 생활을 할 수 없습니다. 하나님께서는 우리가 염려와 근심에 짓눌려 도적질 당하고, 죽임 당하고, 멸망당하는 처지에 놓이기를 원하지 않으십니다.

그렇다면 하나님께서 과연 우리의 모든 짐을 짊어져 주실까요? 그렇습니다. 성경은 "네 짐을 여호와께 맡기라 그가 너를 붙드시고 의인의 요동함을 영원히 허락하지 아니하시리로다(시 55:22)."라고 기록하고 있습니다. 또한 "아무 것도 염려하지 말고 다만 모든 일에 기도와 간구로, 너희 구할 것을 감사함으로 하나님께 아뢰라 그리하면 모든 지각에 뛰어난 하나님의 평강이 그리스도 예수 안에서 너희 마음과 생각을 지키시리라(빌 4:6~7)."

라고 말씀하십니다. 그러므로 우리는 모든 염려와 근심을 하나님께 맡기면서 한 해를 살아가야 하겠습니다.

둘째, 우리의 모든 일을 여호와께 맡겨야 합니다. 성경은 "네 길을 여호와께 맡기라 그를 의지하면 그가 이루시고 네 의를 빛 같이 나타내시며 네 공의를 정오의 빛 같이 하시리로다(시 37:5~6)."라고 말씀하셨으며 "너는 마음을 다하여 여호와를 신뢰하고 네 명철을 의지하지 말라 너는 범사에 그를 인정하라 그리하면 네 길을 지도하시리라(잠 3:5~6)."라고 말씀하셨습니다.

오늘날 많은 사람이 주님을 믿는다고 말하면서도 실제로는 인간의 명철을 의지하고, 수단과 방법을 의지합니다. 그러나 우리는 하나님께 전적으로 우리의 길을 맡기면서 새로운 한 해를 살아야 하겠습니다. 그런데 주님께 맡기는 삶을 살기 위해서는 먼저 순종해야 합니다. 왜냐면 하나님께서는 자신의 의지를 스스로 꺾고 순종하는 사람을 인도해주시기 때문입니다.

또한 사심을 버려야 합니다. 우리가 탐욕과 정욕을 그대로 갖고 있으면 결코 하나님의 인도를 받을 수 없습니다. 누구든지 하나님의 인도를 받으려면 탐욕과 정욕을 버리고, 흥하든지 망하든지 성하든지 쇠하든지 살든지 죽든지 주의 인도를 따르겠다는 마음자세를 갖추어야 합니다. 그러므로 새해에는 무슨 일이든 여호와께 맡기고 여호와의 인도를 받으며 사시기를 바랍니다.

셋째, 큰 기대를 갖고 살아야 합니다. 하나님께서는 "네 입을 크게 열라 내가 채우리라(시 81:10)."라고 약속하셨습니다. 이 말은 하나님을 삶의 근원으로 삼으라는 것입니다. 빌립보서에서는 "나의 하나님이 그리스도 예수 안에서 영광 가운데 그 풍성한 대로 너희 모든 쓸 것을 채우시리라(빌 4:19)."라고 말씀하셨습니다.

이러므로 우리는 하나님을 삶의 자원으로 삼고 하나님을 향해 입을 크게 열어야 하겠습니다. 입을 크게 열라는 것은 큰 희망을 가지라는 것입니다. 사람이 절망하는 것보다 더 큰 비극은 없습니다. 절망하여 부정적이고 파괴적인 사람을 하나님께서는 도와주시지 않습니다. 오히려 눈에는 아무 증거 안 보이고, 귀에는 아무 소리 안 들리고, 손에는 잡히는 것 없어도 하나님을 삶의 자원으로 삼고, 끝까지 희망을 버리지 않으며, 긍정적이고 적극적이고 창조적이며 생산적인 자세로 나가는 사람의 입을 하나님께서 놀랍게 채워 주십니다. 그러므로 우리 모두 이 한 해 동안 하나님께 염려를 맡기고, 모든 길을 맡기고, 입을 크게 열어 성공적인 생활을 할 수 있기를 소망합니다.

기도 / 가족 중에서

찬송 / 289장 주 예수 내 맘에 들어와

폐회 / 주님의 기도

추석 가정 예식

예식사

우리 민족의 감사 절기인 추석을 맞아, 한 해 동안 우리 가족을 지키시고 인도하신 하나님께 감사드리며 하나님 앞에 예배를 드리겠습니다.

찬송 / 301장 지금까지 지내온 것

기도

사랑과 은혜가 풍성하신 하나님, 추석 명절을 맞이하여 온 가족이 함께 모여 하나님 앞에 예배하게 하시니 감사합니다. 올 한해를 돌아보면 어렵고 힘든 일도 많았지만, 우리 가족을 여기까지 인도하신 에벤에셀의 하나님을 찬양합니다.

이번 추석 명절을 맞아 우리 가족이 서로의 삶을 나누며 함께 즐거워하고, 감사하며 격려하는 복된 시간이 되게 해주옵소서. 무엇보다 우리 가정이 주님이 함께하시는 복된 가정 되게 하시고 하나님을 기쁘시게 해드리는 믿음의 가정이 되게 해주옵소서. 그렇게 인도하실 하나님을 찬양하며, 예수님의 이름으로 기도합니다. 아멘.

성경 / 레위기 23:39~43

말씀 선포

오늘은 민족 고유의 명절, 추석입니다. '추석' 하면 꽉 막힌 고속도로와 곳곳의 교통 체증을 뚫고 온 가족이 함께 모여 맛있는 음식도 먹고, 오랜만에 만나 담소도 나누는 모습을 떠올리곤 합니다.

원래 추석은 한 해 동안 농사를 지어 추수한 햇곡식과 햇과일로 음식을 만들어 먹고 기쁨도 나누면서 풍성한 결실을 주신 것에 대해 감사하는 우리 민족 고유의 명절입니다. 1년 중 가장 인심이 풍성해지는 명절이기에 "더도 말고 늘 한가위만 같아라."라는 인사를 주고받기도 합니다. 이렇듯 추석은 가족이 함께 모여 서로의 안부를 묻고 기쁨을 나누는 명절입니다.

성경에도 이와 같은 절기가 있습니다. 바로 초막절입니다. 초막절은 두 가지 성격이 있습니다. 첫 번째는 포도와 올리브를 수확하고, 1년 농사를 다 끝내고 하나님께 추수감사절로 지키는 절기입니다. 두 번째는 이스라엘 백성이 40년 광야 생활 가운데 농사도 짓지 못하고 집도 없었을 때 장막을 치고 살았지만, 하나님의 은혜로 만나와 메추라기, 구름 기둥 불기둥, 생수를 공급받으며 지냈던 것을 기억하면서 7일 동안 여러 가지 나뭇가지들로 초막을 짓고 거기 들어가서 하나님의 은혜를 기념하는 것입니다.

이 절기에 수확한 열매를 저장한다고 하여 수장절, 또는 초막을 짓는 절기라고 하여 초막절이라고 하는데, 이 초막절이 우리의 추석과 비슷한 의미를 지닌 명절이라고 할 수 있습니다. 그래서 이 초막절에 관한 말씀을 통해 추석을 맞이하는 우리의 자세는 어떠해야 하는지 두 가지 이야기를 나누고 싶습니다.

첫째, 함께 즐거워해야 합니다. "너희의 하나님 여호와 앞에서 이레 동안 즐거워할 것이라(레 23:40)." 하나님께서는 한 해 농사를 끝낸 후 가장 귀한 과일(에트로그)과 종려나무, 무성한 나무, 시내 버들가지를 가지고 모두 함께 모여 호산나 찬송하며 하나님 앞에서 즐거워하라고 말씀하십니다. 즉 초막절은 이스라엘 백성들 모두가 한 명도 소외되지 않고 하나님께 나와 즐거워하는 축제입니다.

마찬가지로 추석은 전국 각지에 흩어졌던 가족, 친지들이 함께 모여 한 상에 둘러앉아 기쁨을 나누며 사랑을 회복하는 시간입니다. 아직도 추석이면 고속도로가 정체될 정도로 우리 민족은 정이 많고 가족애가 남다른 민족입니다.

그렇기에 우리도 이런 아름다운 풍속을 잘 계승하면 좋겠습니다. 무엇보다 한 해 동안 각자의 삶에 어떤 일이 있었는지를 이야기하며 우리의 삶 가운데 일하시는 하나님의 사랑을 함께 나누고, 즐거워하기를 원합니다. 그래서 주님 안에서 더욱 하나 된 가정의 모습을 회복할 수 있기를 간절히 소망합니다.

둘째, 감사를 고백해야 합니다. "너희는 이레 동안 초막에 거주하되 이스라엘에서 난 자는 다 초막에 거주할지니(레 29:42)." 하나님께서는 초막절을 지키는 이스라엘 백성에게 7일 동안 자기 집이 아닌 초막에 거주하라고 말씀하십니다. 1년 중 가장 풍요로운 순간에 일주일이나 초막에 거주하게 하시는 이유가 무엇일까요? 지금 풍요로운 삶을 누리게 된 것이 하나님께서 자신들을 종살이하던 애굽에서 인도해내셨기 때문임을 기억하게 하기 위해서입니다.

추석도 마찬가지입니다. 우리가 어려웠던 시간을 기억하고, 이렇게 한데 모여 즐거워할 수 있는 것도 하나님께서 한 해 동안 지켜주시고 선한 길로 인도해주셨기 때문임을 잊지 않고 감사하는 절기입니다. 하나님의 은혜를 깨닫고 온 가족이 둘러앉아 하나님께 감사를 고백하기를 간절히 소망합니다.

그렇게 하나님께 감사를 고백할 때, 언제나 선한 길로 인도하시는 하나님의 은혜가 우리 가정에 더욱 풍성하게 넘치게 될 줄로 믿습니다.

기도 / 가족 중에서

하나님, 모든 것이 주의 은혜임을 알고 감사를 드립니다. 그러나 많은 순간 하나님보다 세상을 가까이하고 하나님보다 세상의 가치를 더 섬겨왔음을 회개합니다. 우리의 죄악과 어리석음에도 불구하고 올 한 해도 우리 가정을 붙들어주셔서 감사합니다. 모든 일 가운데 함께하시는 하나님의 은혜에 감사함으로 하나님을 영화롭게 하고 하나님의 구원을 보는 믿음의 가정 되게 해주옵소서. 예수 그리스도의 이름으로 기도합니다. 아멘.

찬송 / 559장 사철에 봄바람 불어 잇고

폐회 / 주님의 기도